옥효진 선생님의 법과 정치 개념 사전

글 옥효진

부산교육대학교 초등교육과를 졸업하고 2011년부터 부산에서 초등학교 교사로 근무하고 있습니다. 생활에 꼭 필요한 금융 지식을 학교에서 가르쳤으면 좋겠다는 생각으로 '학급 화폐'를 통한 금융 교육을 시작했고, 이를 소개하는 유튜브 채널 〈세금 내는 아이들〉을 운영하고 있습니다. 이 활동으로 2019년 대한민국 경제교육대상 대한상공회의소장상, 2020년 대한민국 경제교육대상 경제교육단체협의회 회장상, 2021년 민주시민교육 분야 교육부장관 표창장, 2022 교보교육대상 미래교육콘텐츠 부문 대상, 2022년 제7회 금융의 날 대통령 표창을 수상했습니다. 지은 책으로 《세금 내는 아이들》《법 만드는 아이들》《옥효진 선생님의 경제 개념 사전》과 〈세금 내는 아이들의 생생 경제 교실〉〈혼공 도사 나대로〉 시리즈 등이 있습니다.

그림 나인완

귀여운 꿀꿀 돼지, '호로로'를 그리는 일러스트레이터입니다. 다양한 애니메이션과 만화, 일러스트, 이모티콘 작업을 하면서 종종 크고 작은 전시회도 열고, 귀여운 굿즈도 꾸준히 만들고 있습니다. 쓰거나 그린 책으로는 《꿀꿀돼지 호로로》《마구로센세의 일본어 메뉴판 마스터》《초등과학Q6 유전과 혈액》《한 컷 초등 사회 사전》《무사히 1학년》《찾았다! 호로로의 숨은그림찾기 세계 여행》《옥효진 선생님의 경제 개념 사전》《대충 봐도 머리에 남는 어린이 야구 상식》과 〈과학 개념 연구소〉 시리즈 등이 있습니다.

옥효진 선생님의 법과 정치 개념 사전

글 옥효진
그림 나인완

| 작가의 말 |

법과 정치로 나라의 주인이 되어 볼까요?

여러분은 학교에서 쉬는 시간이나 점심시간에 친구들과 어떤 놀이를 하며 시간을 보내나요? 술래잡기를 좋아해서 땀을 뻘뻘 흘리며 운동장을 뛰어다니는 친구들, 피구를 하며 공을 주고받는 친구들, 보드게임을 하며 즐거운 시간을 보내는 친구들. 저마다 좋아하는 놀이나 활동을 하면서 시간을 보내겠죠? 그런데 이 활동들이 즐거우려면 반드시 필요한 것이 있어요. 바로 '규칙'입니다. 만약 규칙 없이 이런 놀이를 한다면 어떻게 될지 상상해 보세요. 아마 모두 엉망이 될 거예요. 그래서 아무리 간단한 놀이라도 규칙이 필요하고, 모두 이 규칙을 지켜야 더 즐겁게 놀 수 있지요.

우리가 살고 있는 나라, 대한민국에서도 마찬가지예요. 국민들이 즐겁고 행복하게 그리고 안전하게 생활하기 위해서는 모두 함께 지킬 '규칙'이 필요해요. 우리는 이것을 '법'이라고 불러요. 법은 우리 주변 어디에나 있어요. 여러분이 사는 집은 법에서 정한 기준을 지키며 지은 것이고, 정해진 나이가 되면 초등학교에 가는 것도 법에 나와 있는 내용이에요. 여러분이 매일 아침 학교에 가며 보는 신호등과 횡단보도도 법에 따라 만들어 둔 것이죠. 학교도 법에서 정한 대로 지어져 운영되는 것이고요. 만약 법이 없다면 규칙 없는 술래잡기처럼 우리나라는 엉망이 되겠지요.

법을 술래잡기 놀이 규칙에 빗댔다면, 규칙을 어떻게 정할지 이야기 나누고 놀이를 운영하는 것을 '정치'라고 표현할 수 있어요. 나라에서 국민의 뜻을 모아 법을 만들고, 법에 따라 나라 살림을 하고, 법을 어긴 사람을 어떻게 할 것인지를 논의하는 것이 바로 정치이지요. 쉽게 말해 정치는 수많은 나랏일을 결정하는 과정이라고 할 수 있어요.

정치라는 말을 들으면 '어렵다!'라고 생각하는 친구들이 많을 거예요. 정치인들이 쓰는 단어는 복잡해 보이고, 정치는 어른들만의 일처럼 느껴지기도 하지요. 하지만 정치는 어린이 여러분과도 아주 가까운 일이랍니다. 그래서 조금만 들여다보면 재미있는 이야기가 무척이나 많아요. 이 책을 통해 여러분이 정치를 마치 친구가 들려주는 이야기처럼 재밌고 쉽게 이해할 수 있으면 좋겠어요.

이 책에 유익한 법, 정치 용어와 그와 관련된 생생한 이야기 100개를 담아 두었어요. 책을 읽고 나면 어렵게만 느껴졌던 법과 정치가 여러분 바로 옆에 있었다는 사실을 깨닫게 될 거예요. 그리고 법과 정치는 어른들만의 일이 아니라는 것, 텔레비전 속 양복 입은 국회 의원들만의 일이 아니라는 것도 알게 될 거예요. 더 나아가 뉴스나 어른들의 대화 속 시사 문제가 여러분 귀에 쉽고 흥미롭게 들리기 시작할 수도 있고요.

대한민국은 누구의 나라일까요? 대통령의 나라일까요? 국회 의원들의 나라일까요? 그것도 아니라면 우리나라에서 돈이 가장 많은 사람의 나라일까요? 모두 정답이 아니에요. 대한민국 즉, 우리나라의 주인은 다름 아닌 국민! 바로 여러분들이지요. 대한민국의 주인인 여러분이 대한민국의 중요한 일들을 결정하는 것은 너무나 당연한 일이에요.

주인이라면 당연히 대한민국의 규칙인 법을 어떻게 만드는지, 어떤 법들이 어떻게 적용되는지, 새롭게 필요한 법이 무엇인지 알고 있어야겠지요? 또 이 법으로 나라 살림은 어떻게 하는 것이 좋을지, 나라 살림이 잘 이루어지고 있는지 항상 관심을 가져야겠지요? 이 책을 통해 여러분이 진짜 대한민국의 주인이 될 수 있기를 바랄게요!

옥효진 선생님

차례

작가의 말 4
등장인물 10
법과 정치 개념 사전 활용법 11

1장 민주 사회 기본 원리

민주주의	14
선거	16
선거의 4대 원칙	18
공약	20
국민의 권리	22
국민의 의무	24
직선제·간선제	26
사전 투표	28
출구 조사	30
선거의 종류	32

2장 살림하는 정부

정부	36
대통령	38
단임제·중임제·연임제	40
국무총리·부총리	42
행정 각부	44
공무원	46
국무 회의	48
시행령	50
지방 자치 제도	52
지방 자치 단체	54
예산	56
탄핵	58

3장 법 만드는 국회

국회	62
국회 의원	64
정당	66
지역구·비례 대표 국회 의원	68
본회의·상임 위원회	70
표결·가결·부결	72
인사 청문회	74
국정 감사	76
보수·진보	78
공천	80

4장 재판하는 법원

법원	84
삼심 제도	86
형사 재판	88
민사 재판	90
판사	92
검사	94
변호사	96
구속·불구속	98
구형·선고	100
일사부재리	102
공소 시효	104
무기 징역	106
집행 유예	108
법정 증거주의	110
국민 참여 재판	112

| 5장 | 우리 생활 속 정치 |

독재	116
삼권 분립	118
다수결의 원칙	120
여론	122
국제기구	124
시민 단체	126
갈등	128
난민	130
4·19 혁명	132
5·18 민주화 운동	134
6월 민주 항쟁	136

| 6장 | 우리 생활 속 법 |

인권	140
헌법	142
개헌	144
헌법 재판소	146
법의 위계성	148
무죄 추정의 원칙	150
착한 사마리아인의 법	152
미란다 원칙	154
원 스트라이크 아웃제	156
벌금	158
사형	160
안락사	162

7장 재미있는 법과 정치 용어

- 출마·낙마·대항마 ········ 166
- 흑백 논리 ········ 168
- 감자칩 민주주의 ········ 170
- 레임덕 ········ 172
- 의전 서열 ········ 174
- 필리버스터 ········ 176
- 단일화 ········ 178
- 뜨거운 감자 ········ 180
- 스모킹 건 ········ 182
- 포퓰리즘 ········ 184

8장 더 알고 싶어요! 법과 정치 개념

법
- 동물권 | 현행범 ········ 188
- 불체포 특권 | 무고죄 ········ 189
- 국제법 | 국제 형사 경찰 기구 ········ 190
- 사법 시험 | 법학 전문 대학원 ········ 191

정치
- 유신 헌법 | 6·29 민주화 선언 ········ 192
- 선거 비용 보전 제도 | 복지 ········ 193
- 님비 현상 | 핌피 현상 ········ 194
- 도어스테핑 | 정상 회담 ········ 195
- 킹메이커 | 법안 자동 폐기 ········ 196
- 매니페스토 운동 | 캐스팅 보트 ········ 197

법과 정치 개념 사전 활용법

1단계 한눈에 보이는 개념어로 시작해요!

2단계 재미있는 만화 속 상황을 통해 개념과 조금 더 친숙해져요!

3단계 정확한 뜻풀이로 개념을 확실히 다져요!

4단계 친절한 설명과 귀여운 그림으로 개념을 재미있게 배워요!

5단계 옥효진 선생님이 들려주는 개념어와 관련된 유익한 사회 상식을 읽어요!

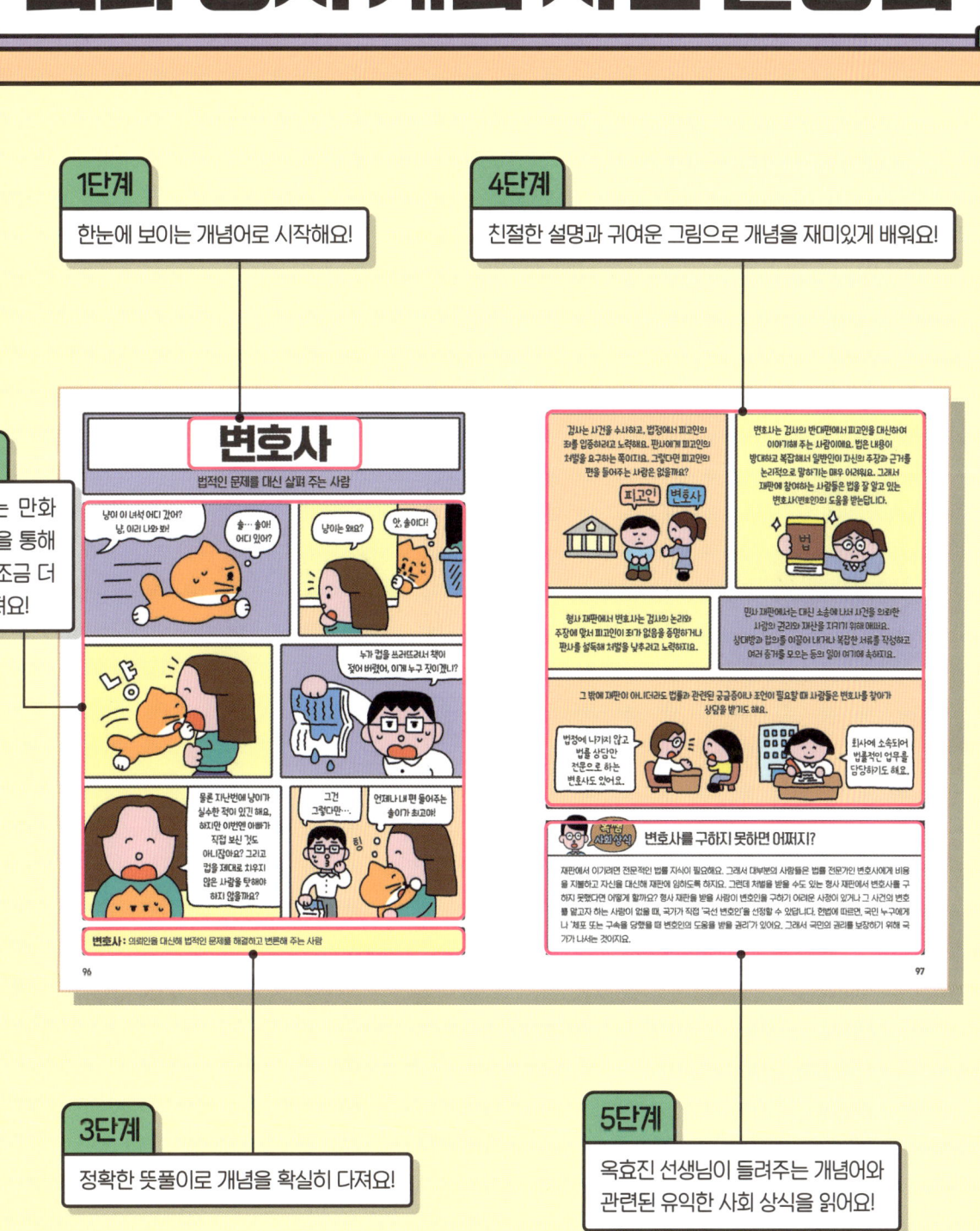

교과 연계

3학년 1학기 국어 08. 의견이 있어요

4학년 1학기 사회 03. 지역의 공공 기관과 주민 참여

4학년 도덕 04. 힘과 마음을 모아서

5학년 1학기 사회 02. 인권 존중과 정의로운 사회

5학년 2학기 국어 06. 타당성을 생각하며 토론해요

6학년 1학기 사회 01. 우리나라의 정치 발전

1장
민주 사회 기본 원리

민주주의 | 선거 | 선거의 4대 원칙 | 공약 | 국민의 권리 | 국민의 의무 | 직선제·간선제 | 사전 투표 | 출구 조사 | 선거의 종류

여러분은 어떤 사회에 살고 싶나요? 사람들마다 처한 상황이 다르고 생각도 다양하지만, 모두 평등하고 정의로운 사회에서 살고 싶을 거예요. 우리나라는 이런 사회를 만들기 위해 국민이 주인이 되어 나랏일에 참여하도록 하고 있어요. 우리 사회의 기본을 이루는 개념들을 알면 우리나라의 정치와 법이 나아갈 방향을 이해할 수 있을 거예요.

민주주의

국가의 주인은 누구일까?

민주주의 : 모든 국민이 국가의 주인으로서 권리와 권력을 갖고, 그것을 스스로 행사하는 제도나 사상

옛날에는 왕이나 귀족들이 권력을 독차지했어요. 우리나라도 조선 시대까지만 해도 왕이 나라의 주인으로서 나라를 다스렸지요.

하지만 광복을 맞이한 뒤 오늘날 우리나라는 민주주의 국가로 탈바꿈하였지요.

민주주의 국가의 주인은 어떤 한 사람이나 집단이 아니라 국민 모두예요. 왕이 아닌 국민이 나라를 다스리는 것이지요.

민주주의 국가에서 주권은 국민에게 있습니다. 주권이란 쉽게 말하면 주인으로서의 권리예요. 정확하게는 국가의 중요한 일을 최종적으로 결정하는 권력을 말한답니다.

우리나라의 최고 법인 헌법의 첫 부분에도 '대한민국의 주권은 국민에게 있고, 모든 권력은 국민으로부터 나온다'라고 쓰여 있어요.

모두가 자유롭고 평등하게 정치에 참여하고, 이를 통해 인간의 존엄성을 이루어 내는 것이 민주주의의 목표지요. 민주주의는 많은 사람의 희생과 노력으로 얻어 낸 소중한 가치예요. 그러니 여러분도 대한민국의 주인으로서 항상 나랏일에 관심을 두고 의견을 내는 사람이 되어야겠지요?

옥쌤 사회상식 | 민주주의의 정신을 잘 나타낸 명연설

미국 제16대 대통령 에이브러햄 링컨이 1863년에 한 게티즈버그 연설은 미국 역사상 가장 많이 인용된 연설로 유명해요. 링컨은 '국민의, 국민에 의한, 국민을 위한 정부'라는 말에 민주주의의 정신을 압축해 담았어요. '국민의 정부'는 주권을 국민이 가진다는 걸 의미하지요. '국민에 의한 정부'는 국민이 정치에 참여한다는 뜻으로, 참여 형태에 따라 직접 민주주의와 간접 민주주의로 구분할 수 있어요. '국민을 위한 정부'는 나라를 다스리는 목표를 국민의 행복과 이익에 두어야 한다는 것을 의미해요.

선거

국가의 주인이 피우는 민주주의의 꽃!

선거: 단체나 모임에서 구성원을 대표해 일을 맡아 할 사람을 뽑는 일

가정에서 결정해야 할 중요한 문제가 있으면 온 가족이 모여 의논을 해요.

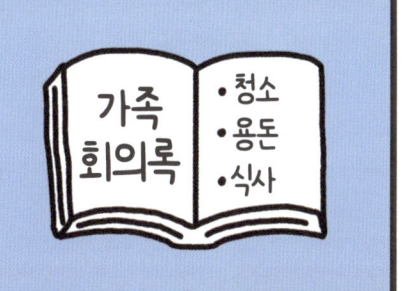

나라에 중요한 결정 사항이 있을 때에도 나라의 주인인 국민이 모두 모여 의논을 해야 하지요.

하지만 우리나라는 인구가 5,000만 명이 넘기 때문에 모든 국민이 모여서 의논을 할 장소도 없고, 한다 해도 시간이 너무 오래 걸릴 거예요. 그래서 우리나라는 국민이 직접 대표를 뽑아서 나라의 중요한 결정을 맡기는 간접 민주주의를 실시하고 있어요.

국민의 대표를 뽑기 위해서 선거를 치러요. 국민의 대표가 되고 싶은 사람이 후보로 나오고, 투표를 통해 국민이 선택하는 것이지요. 우리나라에서는 국회 의원 선거에 나가려면 만 18세 이상이 되어야 하고, 대통령 선거에 나가기 위해서는 만 40세 이상이 되어야 해요.

대표를 잘 뽑아야 나라의 중요한 결정들을 잘할 수 있기 때문에, 선거는 아주 중요해요. 그래서 선거를 '민주주의의 꽃'이라고 부른답니다.

 ## 선거할 때 투표할 수 있는 나이는?

민주주의 국가에서 국민은 정치에 참여할 수 있는 권리인 '참정권'을 가져요. 참정권 중에 국민의 대표를 뽑는 선거에 참여하여 투표할 수 있는 권리를 '선거권'이라고 해요. 선거권이 주어지는 나이는 나라마다 달라요. 우리나라의 경우 처음에는 만 21세 이상 국민에게 선거권을 주다가 차츰 연령을 낮춰, 2019년에 만 18세 이상 국민에게 선거권을 보장하기로 법을 고쳤어요. 대부분의 나라가 우리나라와 같이 만 18세부터 선거권을 보장하지만 오스트리아, 브라질, 아르헨티나 등의 나라는 만 16세 이상이면 선거권을 준답니다.

선거의 4대 원칙

선거할 때 꼭 지켜야 할 것들!

선거의 4대 원칙 : 보통 선거, 평등 선거, 비밀 선거, 직접 선거

선거를 공정하고 민주적으로 치르기 위해서는 네 가지 원칙을 반드시 지켜야 해요.

선거의 4대 원칙
- 보통 선거
- 평등 선거
- 비밀 선거
- 직접 선거

보통 선거 원칙은 국민이라면 누구나 정해진 나이만 되면 선거할 권리를 얻는다는 거예요. 우리나라에서는 만 18세 이상이면 선거에 참여할 수 있어요.

만 18세 이상

평등 선거 원칙은 나이나 성별, 재산 등과 상관없이 한 사람이 오직 한 표만 투표할 수 있는 것을 말해요.

1인 1표

비밀 선거 원칙은 내가 누구를 뽑았는지 비밀을 보장하는 거예요. 만약 이 비밀이 지켜지지 않으면 다른 사람의 눈치를 보며 투표할 수도 있기 때문이지요.

비밀 투표
쉿!

직접 선거 원칙은 자신의 표에 대해서 직접 투표해야 한다는 거예요.
아무도 나를 대신할 수 없지!
이것이 바로 직접 선거!

옥쌤 사회 상식: 투표 인증 사진 찍을 때 조심할 점!

선거일에 투표를 하고 나서, 뿌듯한 마음이 들거나 다른 사람의 투표를 격려하기 위해 인증 사진을 찍는 사람이 많아요. 그런데 투표용지를 사진으로 찍어 인터넷에 올리는 것은 비밀 선거 위반이라고 해요. 심하면 처벌까지도 받게 될 수 있지요. 내가 투표를 했다는 사실은 사진으로 찍어 올려도 되지만, 선거에 나온 후보 중 누구를 찍었는지 알 수 있게 사진을 찍어 공유하면 안 돼요.

공약

저를 뽑아 주신다면 반드시 이 약속을 지키겠습니다!

공약: 선거에 나온 사람이 어떤 일에 대하여 국민에게 실행할 것을 약속하는 것

학교에서 반장 선거를 할 때, 후보들이 앞에 나와서 '반장이 되면 이렇게 하겠다'라고 발표하는 것을 보았지요? 이런 약속들이 바로 공약이에요.

사람들은 선거에 나온 후보들의 공약을 보고 누굴 뽑을지 결정해요. 유익하고 바람직한 공약인지, 현실적으로 실행할 수 있는 공약인지 꼼꼼히 살펴봐야 하지요.

그래서 후보자들은 사람들의 표를 많이 얻을 수 있는 공약을 만들기 위해서 고민한답니다.

나라 경제와 관련된 공약

국민 생활과 관련된 공약

외교 관계에 대한 공약

하지만 공약을 말하는 것보다 중요한 건 공약을 지키려고 노력하는 자세겠지요? 민주 사회의 시민들은 선거가 끝난 뒤에도 당선인이 공약을 잘 지키는지 관심을 가지고 지켜봐야 해요. 중앙 선거 관리 위원회 홈페이지에서 대통령과 국회 의원들의 공약을 확인할 수 있답니다.

국민이 지켜보고 있다!

옥쌤 사회 상식 이런 희한한 공약이 있다고?

선거에 나오는 후보들은 사람들의 표를 얻기 위해 다양한 공약을 선보여요. 그중에는 재미있기도 하고 황당한 공약들도 있어요. 2023년, 멕시코 대통령 선거에 출마한 한 후보는 자신이 당선되면 케이 팝 스타인 방탄소년단을 데려오겠다는 공약을 내세웠어요. 과거 우리나라 대통령 선거에 출마한 어떤 후보는 700년 전 신안 앞바다에서 침몰한 보물선을 끌어 올려 국민을 부자로 만들어 주겠다고 말하기도 했지요. 하지만 그 후보는 대통령에 당선되지 못했어요.

국민의 권리

우리가 국가에 당당히 요구할 수 있는 것!

국민의 권리 : 국민이 인간답게 살도록 헌법에서 보장한 평등권, 자유권, 청구권, 참정권, 사회권 등 기본적인 권리

민주주의 국가에서 국민은 나라의 주인이기 때문에 여러 가지 권리를 가지고 있어요. 국민이 인간답게 살 수 있도록 하는 이런 권리들을 국민의 기본권이라고 해요.

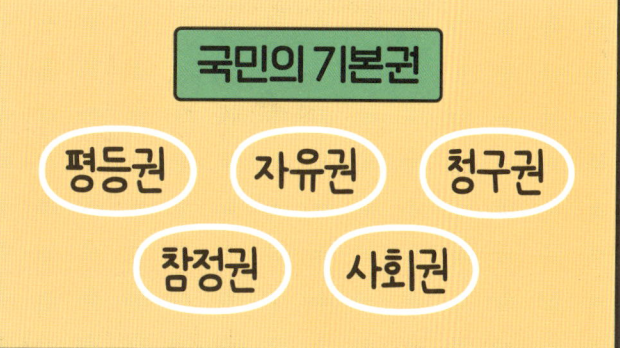

평등권은 모든 국민이 나이나 성별, 재산, 종교 등에 따라 법 앞에서 차별받지 않고 평등하게 대우받을 권리예요.

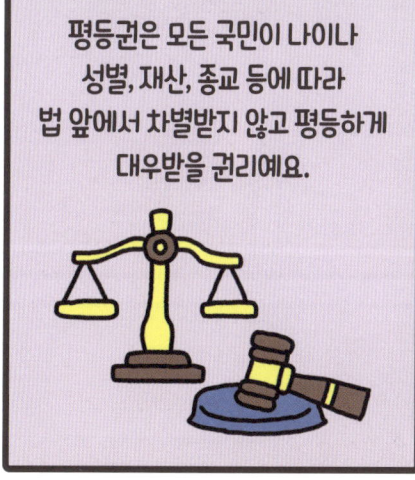

자유권은 자기 삶에서 직업, 종교, 집회 참석 등 여러 가지 선택을 국가의 간섭을 받지 않고 자유롭게 할 수 있는 권리지요.

청구권은 나라가 국민의 권리를 침해했을 때 국가에 배상을 요구할 수 있는 권리예요.

참정권은 정치에 참여할 수 있는 권리예요. 선거에 후보로 나갈 수 있고, 투표를 할 수 있으며, 공무원이 될 수 있는 권리지요.

마지막으로 사회권은 국민이 인간답게 살 수 있도록 최소한의 생활 보장을 국가에 요구할 수 있는 권리랍니다.

조선 시대에는 어떻게 권리를 주장했을까?

과거 조선 시대에도 백성들은 자신의 권리가 침해받았을 때 억울함을 이야기할 방법이 있었어요. 궁궐 밖에 설치한 '신문고'라는 북을 치거나, 왕이 행차하는 길에서 꽹과리를 치며 왕에게 억울한 일을 말하는 '격쟁'을 통해서였지요. 또는 억울한 일을 종이에 적어 왕에게 전하는 '상언'이라는 방법을 쓰기도 했답니다.

국민의 의무

국민이라면 당연히 해야 하는 일

국민의 의무 : 국가를 위해 국민이 지켜야 할, 헌법에서 정한 교육의 의무, 근로의 의무, 납세의 의무, 국방의 의무 등 기본 의무

우리나라 국민이라면 반드시 지켜야 할 의무들이 있어요.

대표적인 네 가지 국민의 의무를 '국민의 4대 의무'라고 말해요.

먼저, 교육의 의무는 일정한 나이가 된 아동이 나라에서 법으로 정한 교육을 받도록 해야 한다는 의무예요.

우리나라는 초등학교 6년과 중학교 3년이 의무 교육이에요.

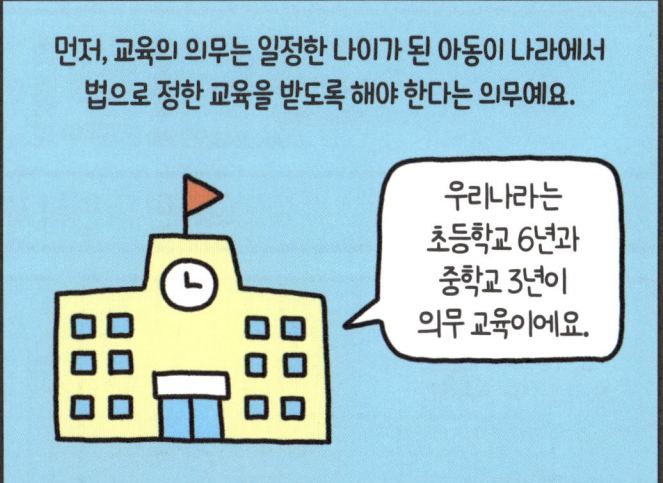

다음으로 근로의 의무는 모든 국민이 근로(일)를 해서 나라에 도움이 되어야 한다는 의무지요.

단, 근로의 의무는 민주주의 원칙에 따라야 해요. 그렇지 않으면 자칫 나라에서 강제로 일을 하게끔 법으로 정한 셈이 되니까요.

'납세'는 '세금을 낸다'는 뜻이에요. 따라서 납세의 의무는 국민이라면 법이 정한 대로 나라에 세금을 내야 한다는 의무를 뜻하지요.

나라가 군대와 경찰을 유지하고, 여러 가지 시설을 만들려면 큰돈이 필요한데, 이런 일들은 모두 국민이 낸 세금으로 이루어진답니다.

마지막으로 국방의 의무는 국민이라면 나라를 지키는 데 참여해야 한다는 의무예요. 국방의 의무를 행하고 있는 군인 아저씨들을 종종 본 적 있지요?

여기에 자신의 재산을 사회 구성원에게 두루 이롭게 사용해야 한다는 '재산권 행사의 의무', 환경 보전을 위해 노력해야 한다는 '환경 보전의 의무'를 더해서 국민의 6대 의무라고 부르기도 해요.

직선제·간선제

나라마다 선거 방법이 다르다고?

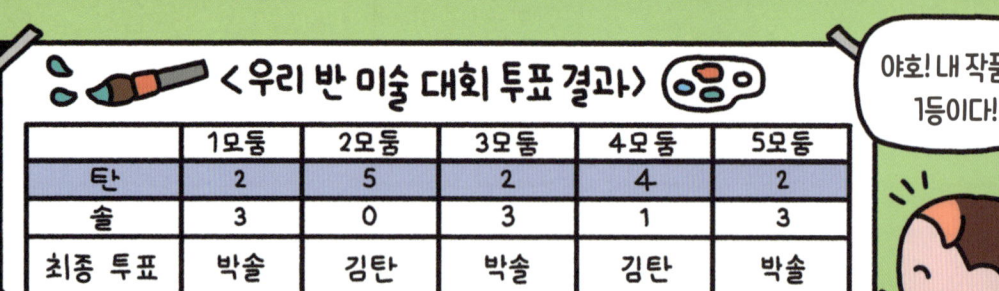

직선제(직접 선거 제도) : 모든 국민이 투표하여 대통령을 뽑는 데 직접 참여하는 선거 제도
간선제(간접 선거 제도) : 국민을 대표하는 선거인단이 국민을 대신하여 선거를 치르는 제도

우리나라와 미국은 대표적인 민주주의 국가예요. 두 나라 모두 국민이 나라의 대표를 뽑기 위한 대통령 선거에 참여하지요.

그런데 우리나라와 미국의 선거 방식에는 조금 차이가 있어요. 우리나라는 국민이 직접 한 표씩 투표해서, 표를 가장 많이 받은 사람이 대통령이 돼요.

미국은 50개의 주(state)가 있는데, 인구수에 비례해 선거인단을 정해요. 선거인단은 국민 대신 투표하는 사람들이에요. 먼저 국민들이 선거인단이 어느 후보에게 투표하면 좋을지 투표해요. 그러면 그 결과를 반영해 선거인단이 대통령 선거에서 투표하지요.

독특한 점은, 그 주에서 국민들의 표를 가장 많이 받은 후보가 그 주의 선거인단 표 전체를 가져간다는 점이에요. (메인주와 네브래스카주는 제외)

선거인단 538명 중 과반수인 270명을 얻으면 대통령이 된답니다.

옥쌤 사회상식: 표를 더 많이 얻고도 대통령이 못 되었다고?

미국의 독특한 선거 방식 때문에 실제로 받은 표는 더 적지만 대통령에 당선되는 경우가 생기기도 해요. 2016년 미국의 대통령 선거에서 힐러리 클린턴은 도널드 트럼프보다 약 300만 표나 더 얻었어요. 하지만 선거인단 수로 계산하자 힐러리 클린턴이 227명, 도널드 트럼프가 304명이 되어 도널드 트럼프가 최종적으로 미국의 제45대 대통령이 되었어요.

사전 투표
투표율을 높이기 위한 노력

사전 투표 : 선거일에 투표가 어려운 경우, 선거일 전 정해진 기간에 미리 투표할 수 있는 제도

선거는 국가의 미래를 결정하는 중요한 일이에요.

보통, 선거를 할 때는 선거 날을 하루 잡고, 정해진 시간 동안 국민이 투표할 수 있도록 해요.

제20대 대통령 선거는 2022년 3월 9일 수요일 오전 6시부터 오후 6시까지 치러졌어요. 대통령 선거를 하는 날은 공휴일로 정합니다.

그런데 사정이 있어 선거일에 투표를 하지 못하는 사람이 생길 수도 있어요. 그래서 미리 투표할 수 있도록 '사전 투표'를 실시하기도 해요.

외국에 있는 국민이 투표할 수 있도록 '재외 투표'라는 것도 실시해요. 이것 역시 최대한 많은 국민을 선거에 참여시켜서 투표율을 높이는 방법이지요.

 ## 우리나라 투표율은 어떻게 될까?

대통령 선거는 우리나라의 대표를 뽑는 선거이기 때문에 다른 선거에 비해 많은 국민이 참여하는 편이에요. 다른 선거의 투표율이 40~70퍼센트인 것에 비해 대통령 선거는 60~90퍼센트나 되지요. 역대 가장 높았던 투표율은 국민의 89.2퍼센트가 투표에 참여한 제13대 대통령 선거랍니다. 반면, 가장 낮은 투표율은 63퍼센트의 참여로 그친 제17대 대통령 선거였지요.

출구 조사

선거 결과를 미리 알 수 있다고?

출구 조사: 투표를 마치고 나오는 사람들에게 누구를 선택했는지 물어 선거 결과를 조사하는 일

선거 시간이 끝나면 여러 방송사에서 투표 결과를 알려 주기 위한 개표 방송을 시작해요.

투표함을 열어서 그 안의 표를 모두 세고, 내용까지 확인하려면 상당한 시간이 필요하답니다.

그런데 방송에서는 개표를 시작하기 전부터 누가 당선될 것인지를 예측하는 출구 조사 결과를 발표해요.

출구 조사는 투표를 마치고 나오는 사람들에게 어떤 후보를 뽑았는지를 물어보고 최종적으로 당선될 후보를 예측하는 방법이에요.

사람들의 대답만으로 추측하는 것이기 때문에 출구 조사의 결과가 무조건 실제 선거 결과와 같은 것은 아니에요.

하지만 출구 조사 결과와 실제 선거 결과가 같은 경우 또한 많아서, 출구 조사 발표만으로도 기뻐하는 후보와 지지자들을 볼 수 있어요.

출구 조사가 이 정도로 정확하다고?

출구 조사는 여론 조사 전문 기관과 방송사 등 여러 곳에서 실시합니다. 그렇다면 출구 조사는 얼마나 정확할까요? 여러 선거 중에서도 특히 온 국민의 관심이 집중되는 대통령 선거 출구 조사의 정확도는 무려 100퍼센트랍니다. 우리나라에서는 제16대 대통령 선거 때부터 출구 조사를 실시했는데, 제20대 대통령 선거까지 이루어진 다섯 번의 출구 조사 모두 조사 결과와 실제 선거 결과가 일치했답니다.

선거의 종류

이번에는 누굴 뽑는 선거야?

선거의 종류 : 대통령 선거(대선), 국회 의원 선거(총선거, 총선), 지방 선거 등

나라 살림은 한 사람이 이끄는 것이 아니므로, 선거 또한 여러 번 하게 되지요.
그래서 다양한 종류의 선거가 있어요.

대통령 선거 **국회 의원 선거** **지방 선거**

먼저 대한민국의 대표를 뽑는 대통령 선거가 있어요. 대통령 선거를 줄여서 '대선'이라고 부르기도 한답니다.

그리고 우리나라의 법을 만들고 고치는 국회 의원을 뽑는 국회 의원 선거가 있어요. '총선거' 또는 '총선'이라고도 부르지요.

그 밖에 각 시·도의 대표인 시장과 도지사, 지역의 교육을 책임지는 교육감 등을 뽑는 지방 선거도 있답니다.

만약 국회 의원이나 시장 등 선거로 뽑힌 사람이 정해진 기간을 채우지 못하고 그만두게 되거나 뽑힌 결과가 무효가 되면, '재·보궐 선거'를 해요.

쉽게 말해 선거를 다시 하는 것이지요.

옥쌤 사회 상식 : 선거를 하지 않는 경우가 있다고?

선거는 뽑으려는 사람 수보다 후보의 수가 더 많을 때 해요. 만약 뽑으려는 사람의 수와 후보의 수가 같거나 더 적다면 어떻게 해야 할까요? 2명을 뽑는 선거에 2명이 후보로 나왔다면 투표를 할 필요가 없어요. 투표 없이 뽑히는 것이지요. 이렇게 당선되는 것을 '무투표 당선'이라고 한답니다. 2022년 지방 선거에서는 무투표 당선자가 494명이나 되었다고 해요.

교과 연계

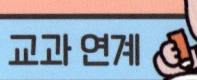

4학년 1학기 사회 01. 지역의 위치와 특성

4학년 1학기 사회 03. 지역의 공공 기관과 주민 참여

4학년 2학기 사회 03. 사회 변화와 문화의 다양성

5학년 2학기 국어 06. 타당성을 생각하며 토론해요

6학년 1학기 사회 01. 우리나라의 정치 발전

2장
살림하는 정부

정부 | 대통령 | 단임제·중임제·연임제 | 국무총리·부총리 | 행정 각부 | 공무원 | 국무 회의 | 시행령 | 지방 자치 제도 | 지방 자치 단체 | 예산 | 탄핵

가정에는 요리, 청소, 반려견 산책, 휴가 계획 세우기 등 여러 가지 일이 있어요. 가족 구성원들은 일을 나눠 맡아 살림을 꾸려 가지요. 마찬가지로 국가가 잘 운영되려면 공공시설을 만들고 교통질서를 감독하며 환경 보호나 경제 발전 계획을 세우는 등 수많은 일이 필요해요. 이런 일을 맡아 하는 곳이 정부예요. 정부에서 어떻게 일하는지 자세히 알아볼까요?

정부

나라 살림을 하는 곳

정부: 삼권 분립(입법, 행정, 사법)에 의한 국가 기관의 하나로, 행정을 맡아보는 국가 기관

정부는 국민이 살아가는 데 필요한 중요한 내용들을 결정하고 실행하는 일을 하는 국가 기관이에요.

정부는 도로 등 국민들의 삶에 필요한 시설들을 만들어요.

외부 침략으로부터 국가를 지키고요.

다른 나라와 외교 관계도 맺어요.

국민이 안전하고 행복하게 살 수 있도록 법에 따라 나라 살림을 계획하고, 실천하지요. 이것을 '행정'이라고 한답니다. 그래서 정부를 가리켜 '행정부'라고 말하기도 해요.

대한민국의 행정부는 대한민국의 법에 따라서 나라 살림을 해야 해.

나라 살림은 국민이 낸 세금으로 이루어져요. 정부는 소중한 세금을 어디에 어떻게 써야 할지 신중하게 결정해야 하지요.

정부는 최고 책임자인 대통령 아래에 국무총리, 부총리 등이 있고, 각 전문 분야를 담당하는 행정 각부로 구성되어 있어요.

그래서 사람들은 흔히 정부의 대표인 대통령의 성씨나 이름을 따서 'O 정부', 'OOO 정부'와 같이 부르기도 해요.

 **옥쌤 사회상식** 우리나라 정부는 언제 수립되었을까?

1948년 8월 15일에 대한민국 정부가 수립되었고, 이승만이 제1대 대통령으로 선출되었어요. 하지만 그보다 앞선 1919년 4월 11일에 대한민국 임시 정부가 중국 상하이에서 먼저 수립되었어요. 우리나라의 이름을 '대한민국'으로 정한 것도 바로 임시 정부였답니다. 그래서 대한민국 헌법 전문에는 '대한민국은 3·1 운동으로 건립된 대한민국 임시 정부를 계승한다'라고 밝히고 있어요.

대통령

우리나라 정부의 최고 책임자

대통령: 외국에 대하여 국가를 대표하고, 행정부의 실질적인 권한을 갖는 국가 원수

대통령은 우리나라를 대표하는 사람으로서 행정부의 최고 책임자예요.

대통령은 나라의 중요한 일들을 결정해요. 그래서 대통령의 한마디 한마디가 우리나라 정치·경제·사회에 큰 영향을 미치지요.

대통령은 국가의 대표로서 다른 나라와 외교 관계를 맺어요. 또한 군대를 움직일 수 있는 권한도 갖지요.

우리나라는 국민들이 직접 투표해 대통령을 뽑아요. 대통령 출마는 40세 이상부터 가능하고 당선되면 5년 동안 대통령으로서 일을 하게 되지요.

우리나라 최초의 대통령은 이승만 대통령이고, 미국의 첫 번째 대통령은 조지 워싱턴이랍니다. 워싱턴은 미국 최초이자 세계 최초의 대통령이기도 하지요. 왜냐하면 미국이 대통령제를 최초로 실시했거든요.

옥쌤 사회상식 | 왜 대통령 수는 선거 횟수보다 더 적을까?

제1대 이승만 대통령 이후 제20대 윤석열 대통령까지, 우리나라에는 총 13명의 대통령이 있었답니다. 대통령 선거를 스무 번이나 했는데 대통령이 13명밖에 되지 않는 이유는, 이승만이 세 번(1~3대), 박정희가 다섯 번(5~9대), 전두환이 두 번(11~12대)씩 대통령을 했기 때문이지요. 그러나 이제는 이렇게 여러 번 대통령을 하는 것이 불가능해요. 오늘날 우리나라 헌법에서는 대통령을 단 한 번만 할 수 있게 정해 놓았거든요. 혹시 모를 독재 정치를 막기 위해서예요.

단임제·중임제·연임제

대통령은 몇 번 할 수 있을까?

단임제: 대통령으로 단 한 번만 재직할 수 있는 제도
중임제: 대통령의 임기를 마친 뒤에도 횟수에 상관없이 거듭해서 선거에 나와 대통령을 할 수 있는 제도
연임제: 대통령의 임기를 마친 뒤에 연이어서만 여러 번 다시 대통령으로 재직할 수 있는 제도

나라의 대표로서 중요한 임무를 수행하는 대통령은 한 사람이 몇 번이고 하거나, 임기가 끝나면 이어서 또 할 수 있을까요? 우리나라에서는 불가능해요. 대한민국의 대통령은 5년 임기의 단임제거든요.

5년으로 한 번

단임제란, 평생에 단 한 번만 대통령직을 수행할 수 있다는 뜻이에요. 연장하거나 다시 뽑힐 수 없어요.

하지만 미국은 대통령 임기가 4년이고, 두 번까지 대통령을 할 수 있어요. 즉, 4년 임기의 중임제예요.

4년으로 두 번

다시 대통령직에 오르는 것을 '중임'이라고 하고, '연임'은 연속해서 대통령을 할 수 있는 것을 뜻해요.

우리나라도 5년 단임제를 4년 연임제로 바꾸자는 의견이 종종 나오곤 해요.

연달아 한 번 더!

4년 / 4년

옥쌤 사회상식

러시아에서는 더 오래 대통령을 할 수 있다고?

러시아에서는 대통령의 연임과 중임이 가능해요. 단, 3회 연임은 할 수 없다고 해요. 2000년에 러시아의 제2대 대통령으로 취임했던 블라디미르 푸틴은 연임을 하여 2008년까지 8년 동안 러시아를 이끌었어요. 그런데 세 번 연속 대통령을 할 수는 없었기 때문에 2008년부터 2012년까지 총리로 지냈어요. 그 뒤 2012년에 다시 대통령이 되었고, 이때 4년이었던 대통령의 임기를 6년으로 바꾸었답니다. 이후 연임을 하여 2024년까지 러시아의 대통령을 맡게 되었어요. 무려 20년간이나 대통령으로 지내게 되는 셈이에요.

국무총리·부총리
대통령을 보좌하는 사람

국무총리: 대통령의 명을 받아 행정 각부를 거느리고 관할하는 기관 또는 사람
부총리: 국무총리가 특별히 위임하는 일을 수행하는, 국무총리를 보좌하는 직위

미국은 대통령과 함께 부통령을 투표로 선출해요. 부통령은 대통령과 함께 나랏일을 책임지고 운영해 나가지요. 우리나라에는 부통령이 없는 대신 국무총리가 있어요.

국무총리는 대통령을 도와 나라 살림을 하는 대한민국 행정부의 2인자예요. 만약 대통령의 자리가 비게 될 경우에는 국무총리가 대통령의 일을 대신 맡아 하게 된답니다.

대통령은 선거를 통해 국민이 뽑지만 국무총리는 대통령이 정하고 국회의 동의를 받아 임명해요. 그래서 대통령의 임기 5년 동안 국무총리가 여러 번 바뀌기도 하지요.

국무총리를 돕는 부총리도 있답니다. 우리나라에는 경제와 관련된 일을 담당하는 경제 부총리, 사회와 관련된 일을 하는 사회 부총리가 있어요. (2023년 기준)

부총리는 때때로 중요하다고 생각하는 일에 따라 이름이 달라지기도 해요. 그동안 우리나라에는 통일 부총리, 교육 부총리, 과학기술 부총리가 있었어요.

행정 각부

나랏일도 나누어서 척척!

행정 각부 : 대통령 또는 국무총리의 통솔 하에 법률이 정하는 나랏일을 나누어 맡고 있는 중앙 행정 기관

나라 살림살이는 무척 다양한 분야와 영역에 걸쳐 이루어진답니다.

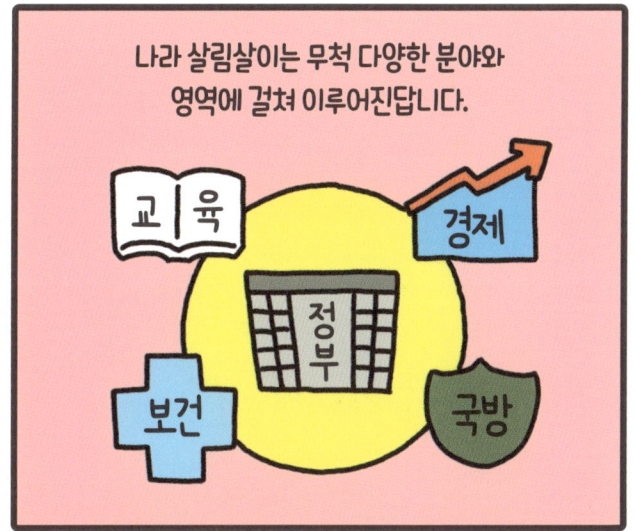

그래서 정부는 각 분야를 전문적으로 맡아서 할 행정 각부를 두고 있지요.

행정 각부는 대통령이 바뀔 때 새롭게 만들어지거나 사라지기도 하고, 역할과 이름이 조금씩 바뀌기도 해요.

2023년 기준으로 우리나라에는 경제와 관련된 일을 하는 기획 재정부, 교육과 관련된 일을 하는 교육부, 나라를 지키는 일을 하는 국방부, 정부 조직에 관한 사무를 맡고 국민의 안전을 책임지는 행정 안전부, 국민의 건강을 책임지는 보건 복지부 등 19개의 부가 있답니다.

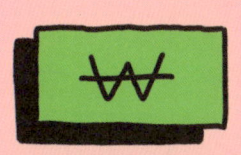   

기획 재정부   국방부   행정 안전부   보건 복지부

각 부처에는 대표인 장관과 장관을 돕는 차관이 있고 그 아래로 많은 공무원들이 나랏일을 나눠 맡아 하고 있지요.

 ## 교육부의 여러 이름들

우리나라에서 교육과 관련된 일을 맡아 하고 있는 교육부는 그동안 다양한 이름으로 바뀌어 왔어요. 맨 처음 정부가 세워졌을 때에는 '문교부'라는 이름이었지요. 그러다 1990년에 교육부로 이름이 바뀌었어요. 이후 2001년에는 교육 인적 자원부, 2008년에는 교육 과학 기술부로 이름이 바뀌었다가 2013년부터 다시 교육부로 불리고 있답니다.

공무원

국가와 국민을 위해 일하는 사람들

공무원 : 국가나 지방 자치 단체의 일을 맡아보는 모든 사람

공무원은 정부와 공공 기관, 지방 자치 단체 등에서 나라의 일을 맡아서 하는 사람들을 가리켜요.

공무원은 국가 기관에 소속되어 국민을 위해 일하기 때문에 국가에서 월급을 받지요.

일상생활 곳곳에서 다양한 종류의 공무원을 만날 수 있어요. 행정 복지 센터에서 일하는 공무원, 학교에서 학생들을 가르치는 선생님, 국민의 안전을 책임지는 경찰관과 소방관, 우편집배원 등은 우리가 일상에서 쉽게 만날 수 있는 공무원이랍니다.

세금과 관련된 일을 하는 공무원, 판사와 검사 등 법원에서 일하는 공무원, 외국에서 일하는 외교관 등 수많은 공무원이 곳곳에 퍼져 다양한 일을 맡고 있지요. 국가의 대표인 대통령도 물론 공무원이고요.

여러 분야에서 일하는 만큼 공무원이 되는 방법도 다양해요. 국가가 시행하는 시험을 치르는 것이 대표적이에요. 특수한 경력을 증명하는 방법도 있답니다.

특이한 일을 하는 공무원은?

등대는 어두운 밤바다를 항해하는 배들의 길잡이 역할을 하지요. '항로 표지 관리원'은 바로 이 등대를 관리하는 공무원이에요. 사람이 살지 않는 무인도에 설치된 등대도 있어서, 이곳을 책임지는 공무원들은 한 번에 15일 정도씩 등대에 머무르며 일한답니다. 날씨가 나빠져서 섬에 갇히거나, 식량이 떨어지는 일도 종종 벌어진다고 해요. 이렇게 고생하는 항로 표지 관리원들 덕분에 많은 배들이 안전하게 이동할 수 있는 것이겠지요?

국무 회의

중요한 나랏일을 논의하는 시간

국무 회의 : 정부의 권한에 속하는 나라의 주요 정책을 심사하고 토의하는 행정부의 최고 정책 심의 회의

행정부의 주요 정책에 대해 토의하기 위해 대통령, 국무총리, 각부의 장관 등으로 이루어진 국무 위원이 모이는 회의를 국무 회의라고 해요. 학교의 중요한 행사를 위해 전교 학생 회장과 부회장, 각 반의 반장이 모여 회의를 하는 것을 연상하면 쉬워요.

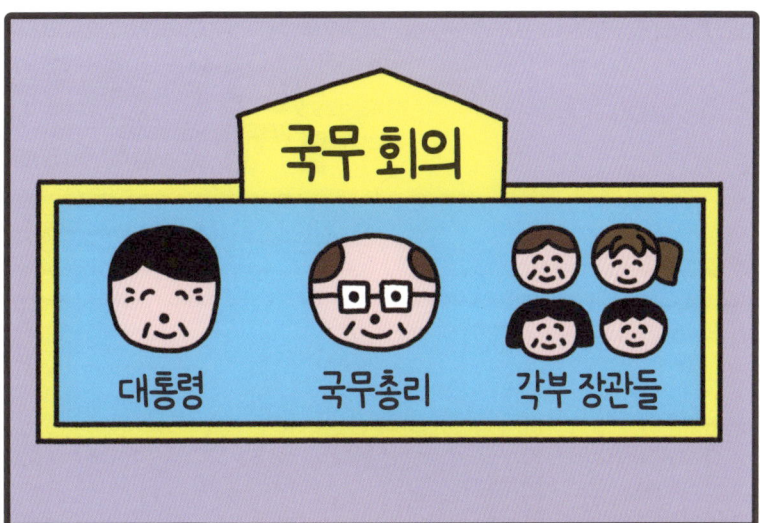

국무 회의는 대통령과 국무총리, 15인 이상 30인 이하의 국무 위원으로 구성돼요. 대통령은 국무 회의의 의장이 되고, 국무총리는 부의장이 돼요.

국무 회의 모습은 생중계되기도 하며, 회의 내용은 모두 인터넷에 공개되고 있어요. 그래서 관심 있는 국민 누구나 국무 회의의 내용을 확인할 수 있지요.

우리나라는 매주 화요일 오전마다 국무 회의가 열리는데, 필요에 따라서 추가로 회의를 하기도 한답니다.

 나라마다 다른 정부 형태

영국에는 대통령이 없고, 미국에는 국무총리가 없답니다. 어떻게 된 일일까요? 먼저 영국은 '의원 내각제'로 정부를 꾸려요. 의원 내각제는 국회에서 의석을 많이 차지한 당이 총리를 뽑아 정부를 구성하지요. 의원 내각제에도 대통령이 있을 수 있지만, 이때 대통령은 상징적이고 형식적인 권한만 가질 뿐이랍니다. 미국은 대통령을 중심으로 국가를 통치하는 '대통령제'로 정부를 꾸려요. 대통령제는 행정부와 입법부의 권력을 나누어 서로 견제하게 함으로써 국민의 자유와 권리를 최대한 보장하는 방식이지요. 우리나라는 대통령도 있고 국무총리도 있는데, 이는 대통령제를 바탕으로 의원 내각제의 요소를 더했기 때문이에요.

시행령

더 구체적인 법이 필요할 땐?

시행령: 어떤 법률을 실제로 시행하는 데 필요한 상세한 세부 규정을 주요 내용으로 하는 명령

국회에서 법을 만들고, 정부는 그 법에 따라 나라를 운영해요. 그런데 법을 만들 때 아주 세세한 부분까지 하나하나 모두 정해 두기는 어렵답니다.

그래서 정부는 법을 실제로 적용하는 데 필요한 규정들을 세세히 정해 두는데, 이것을 시행령이라고 해요.

예를 들어, '도로 교통법'에서 '교통 법규를 위반하는 사람은 500만 원 이하의 범칙금을 부과할 수 있다'라고 정했다면, 도로 교통법 '시행령'에서는 '어린이 보호 구역에서 신호를 위반한 차는 13만 원의 범칙금, 제한 속도를 지키지 않은 차는 8~16만 원의 범칙금을 부과한다'와 같이 구체적으로 정해 두지요.

시행령에는 대통령이 정하는 '대통령령', 국무총리가 정하는 '총리령', 행정 각부 장관이 정하는 '부령'이 있답니다.

시행령은 매주 열리는 국무 회의에서 정해 국민에게 알릴 수 있어서, 국회에서 법률을 만들 때보다 빠르게 사회 변화에 대처할 수 있어요.

단, 시행령은 행정부와 직접 관련되는 법률에만 정해야 하며, 헌법이나 다른 법률을 위반해서는 안 돼요.

지방 자치 제도

우리 지역의 일은 우리가 결정한다!

지방 자치 제도 : 지역 주민들과 그들이 뽑은 대표들이 지역의 일을 스스로 결정하고 처리하는 제도

학교 모든 학급의 일을 교장 선생님 혼자 결정한다면 어떨까요?

"몸이 열 개라도 모자라겠군요."

"교장 선생님이 모든 학급의 사정을 파악하시긴 힘들지요."

그래서 각 학급에서 일어나는 대부분의 일은 그 반 담임 선생님과 학생들이 처리해요.

마찬가지로 우리나라는 5,000만 명이 넘는 사람들이 여러 지역에 흩어져 살고 있기 때문에 정부에서 모든 일을 처리하기는 힘들답니다.

그래서 각 지역의 일을 그 지역 사람들이 맡아 할 수 있도록 하는 지방 자치 제도가 만들어졌어요.

대한민국의 대표인 대통령을 국민이 뽑듯이, 각 지역의 대표를 지역 주민들이 직접 뽑고 뽑힌 대표들은 그 지역의 살림살이를 맡아 하게 된답니다.

지역 대표

지방 자치 제도는 풀뿌리 민주주의의 시작이라고 말하기도 해요. 풀을 뽑아 보면 굵은 뿌리 옆에 잔뿌리가 무수히 뻗어 있는 것을 볼 수 있어요. 이 잔뿌리들이 물과 양분을 흡수하고, 식물이 땅 위에 든든히 버티게 하지요.

이처럼 국민 한 사람 한 사람은 식물의 잔뿌리에 비유할 수 있어요. 지방 자치 제도를 통해 국민은 누구나 나랏일에 참여할 수 있고, 반대로 국가는 지역의 작은 문제부터 국민 개개인의 생활에 이르기까지, 세심하게 관여할 수 있는 것이지요.

지방 자치 단체

우리나라 각 구역의 이름

지방 자치 단체 : 지역 주민이 직접 선출한 대표들이 지역의 살림살이를 꾸려 나가는 곳

우리나라에는 엄청나게 많은 지방 자치 단체들이 있답니다. 인구와 면적, 역사와 생활권 등을 고려해 도, 시, 구, 군으로 나뉘었지요.

그런데 몇몇 도시는 규모와 역할에 따라 특별한 이름을 붙이기도 해요.

대표적으로 수도인 '서울특별시'가 있어요.

우리나라의 유일한 특별시랍니다.

그다음으로 인구가 100만 명이 넘는 큰 도시들인 '광역시'가 있어요.

우리나라에는 총 6개의 광역시가 있어요.

세종특별자치시는 정부 기관들이 많이 들어서 있어 행정 도시의 역할을 해요.

제주특별자치도와 강원특별자치도는 관광 등 지역 상황에 맞춰 다른 지방 자치 단체보다 더 자율적으로 운영하도록 특별히 정했답니다.

옥쌤 사회상식 | 지방 자치 단체를 합치기도 한다고?

지방 자치 단체가 합쳐지는 경우가 있답니다. 경상남도에 있던 창원시와 마산시, 진해시는 서로 이웃하고 있던 각각의 지방 자치 단체였어요. 그렇지만 시내버스와 터미널 같은 교통 시설을 공유하는 등 마치 하나의 도시처럼 가까운 관계를 유지했지요. 그러다 2010년에 세 도시는 창원시로 통합되며 서울보다 면적이 더 넓은 도시가 되었어요. 2022년 1월부터는 창원특례시라는 이름으로 불리고 있지요. 특례시란, 광역시는 아니지만 인구가 100만 명이 넘는 대도시에 붙여지는 이름이랍니다.

예산

나라 살림에도 돈이 필요해!

예산: 정부가 나라 살림살이를 하기 위하여 일정한 절차를 걸쳐 세운 수입과 지출에 대한 1년의 계획

정부가 나라 살림을 하기 위해서는 엄청나게 많은 돈이 필요하지요. 우리나라는 1년에 600조가 넘는 돈을 사용해요.

가장 많은 돈을 사용하는 곳은 국민의 행복한 삶을 위한 복지와 건강한 생활을 위한 보건, 국민의 일자리를 위한 고용 분야입니다.

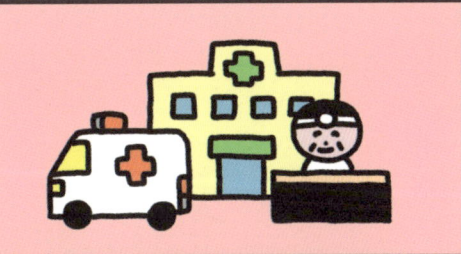

또한 교육 분야의 경우, 한 해에 100조에 가까운 많은 예산을 쓰고 있어요.

이 돈은 정부가 국민에게서 거두어들인 세금이에요.

마트에서 물건을 사고 지불한 돈에도 세금이 포함되어 있어요.

이렇게 온 국민이 낸 소중한 세금이기에, 정부는 꼼꼼하게 예산 계획을 세우고 신중하게 사용하려고 애쓰지요.

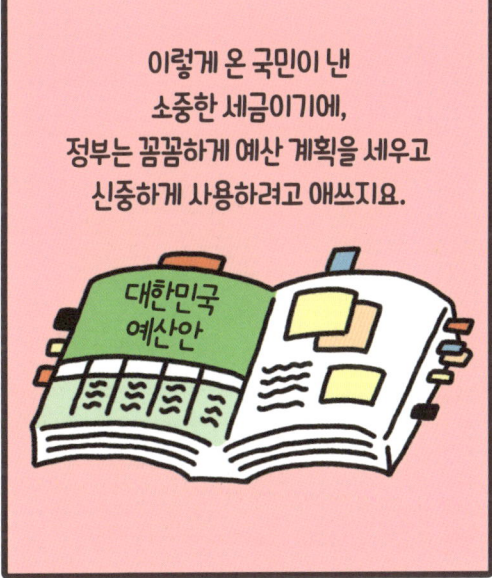

정부가 세운 예산은 국회의 동의를 받아야만 사용할 수 있게 되어 있답니다.

 옥쌤 사회상식 | 예산이 가장 많은 나라는?

세계적인 강대국이자 가장 경제력이 큰 나라인 미국의 1년 예산은 얼마일까요? 2024년 미국의 예산은 6조 9천억 달러, 우리나라 돈으로 9천조가 넘는 돈이라고 해요. 600조 정도인 우리나라 예산의 15배에 가까운, 어마어마한 금액이지요. 이 중 가장 크게 비중이 늘어난 부분은 단연 국방비라고 해요. 세계 곳곳에 군대를 주둔시키고, 영향력을 발휘하는 만큼 이를 유지하기 위한 비용 또한 만만치 않은 것이지요.

탄핵

대통령도 헌법을 어길 수는 없다!

탄핵 : 처벌이 어려운 대통령, 국무 위원, 법관 등의 높은 지위의 공무원에 대해 국민의 대표 기관인 국회가 헌법 또는 법률이 정한 바에 의해 일을 그만두게 하는 제도

대통령은 국민이 뽑은 우리나라의 대표예요. 우리나라에서 가장 높은 자리에 있는 사람이라고 할 수 있지요.

하지만 그렇다고 해서 법을 어겨도 된다는 뜻은 아니랍니다. 대통령은 국민의 권력을 대신해 가지고, 국민을 위해 일하는 사람이니까요.

만약 대통령이 헌법이나 법률을 어겼다면, 대통령을 탄핵할 수 있어요. 대통령 탄핵이란, 대통령의 지위와 임무를 그만두게 하는 거예요.

하지만 대통령 탄핵이 쉬운 일은 아니에요. 국회 의원의 3분의 2 이상이 찬성해야 하고, 헌법 재판소 재판관 6명 이상이 찬성해야 비로소 탄핵이 결정되지요.

대통령뿐만 아니라 국무총리, 국무 위원, 장관 등도 탄핵의 대상이 될 수 있답니다.

 지역의 대표가 잘못하면 어떻게 할까?

지방 자치 단체장이나 지방 의원은 탄핵할 수 없어요. 대신 '주민 소환제'라는 제도가 있어요. 법을 어기거나 부당한 일을 저지른 지방 자치 단체장, 지방 의원을 그 지방의 주민들이 제지할 수 있는 방법이지요. 주민 10~20퍼센트가 서명하면 선거를 요청할 수 있고, 선거권이 있는 주민의 3분의 1 이상이 투표하여 과반수가 찬성하면 부당한 일을 저지른 지방 단체장이나 지방 의원을 자리에서 물러나게 할 수 있답니다.

교과 연계

4학년 도덕	04. 힘과 마음을 모아서
4학년 2학기 사회	03. 사회 변화와 문화의 다양성
5학년 1학기 사회	02. 인권 존중과 정의로운 사회
5학년 도덕	05. 갈등을 해결하는 지혜
5학년 도덕	06. 인권을 존중하며 함께 사는 우리
5학년 2학기 국어	03. 의견을 조정하며 토의해요
6학년 1학기 사회	01. 우리나라의 정치 발전

3장 법 만드는 국회

국회 | 국회 의원 | 정당 | 지역구·비례 대표 국회 의원 | 본회의·상임 위원회 | 표결·가결·부결 | 인사 청문회 | 국정 감사 | 보수·진보 | 공천

친구들과 운동이나 게임을 할 때 갈등이 생기지 않으려면 모두가 동의할 수 있는 공정한 규칙이 필요해요. 마찬가지로 우리 사회에서도 많은 사람이 어울려 행복하게 살아가기 위해서 정의로운 규칙이 필요하지요. 우리나라는 민주적인 과정을 통해 뽑힌 국민의 대표가 국민의 의견을 들어 모두 함께 지킬 규칙, 즉 '법'을 만들어요. 법 만드는 곳은 어떻게 운영되고, 법은 어떤 과정을 거쳐 만들어지는지 차근차근 알아보아요.

국회

법을 새로 만들거나 고치고 싶다면?

국회: 국민의 대표로 구성되어 법 만드는 일을 담당하는 국가 기관

국민의 대표인 국회 의원들이 모여서 하는 회의가 국회예요. 매년 9월 1일에 모여 회의를 열고 100일 이내의 기간 동안 활동하는 것을 '정기 국회'라고 하지요. 필요에 따라 대통령이나 4분의 1 이상이 되는 국회 의원들이 요구하면 임시로 모여 회의할 수도 있어요. 이것을 '임시 국회'라고 하며, 30일 내로 활동한답니다.

국회 의원들이 모여 회의하는 장소를 국회 의사당이라고 부르는데, 대한민국 국회 의사당은 서울 여의도에 있어요.

국회의 상징인 국회 휘장은 우리나라의 국화인 무궁화 안에 '국회'라는 글자가 적혀 있는 모양이지요.

국회에서는 법을 만들기만 하는 것이 아니라 이미 있는 법을 바꾸기도 하고 없애기도 해요.

이런 모든 활동을 '입법'이라고 하기 때문에 국회를 입법부라고도 부른답니다.

국회는 입법 활동뿐 아니라 나라의 예산을 결정하고, 행정부의 활동을 감시하는 일도 맡아요.

지붕 위에 회녹색 돔을 가진 국회 의사당

지금의 국회 의사당 건물은 1975년에 완성됐어요. 국회 의사당 건물에서 가장 눈에 띄는 부분은 지붕 위의 회녹색 돔인데, 처음 국회 의사당을 만들었을 당시에는 붉은색이었다고 해요. 동판으로 만들어졌기 때문에 시간이 지나면서 점점 녹이 슬어서 색이 변한 것이지요. 국회의사당 건물을 둘러싼 24개의 기둥은 24절기를 뜻하는데, 그중 정면의 기둥 8개는 우리나라 전국 8도를 상징하지요.

국회 의원

국민을 대표하는 사람들

국회 의원 : 선거를 통해 국민의 대표로 뽑힌 국회의 구성원

오늘날 대한민국의 인구는 5,100만 명이 넘는다고 해요.

법을 새로 만들거나 고칠 때 이 많은 국민이 한날한시에 같은 장소에 모일 수 있을까요? 모든 국민이 국가의 일을 결정하는 데 직접 참여하는 것은 현실적으로 불가능하답니다.

그래서 국민을 대신해 법을 만들고 고치는 일을 하는 대표들을 뽑아요. 이렇게 뽑힌 사람들이 바로 국회 의원이에요.

우리나라의 국회 의원은 총 300명인데, 국회 의원은 만 18세 이상의 선거권을 가진 국민이라면 누구나 될 수 있어요.

국회 의원은 4년 임기로 일해요. 대한민국에서 대통령은 한 번만 할 수 있지만, 국회 의원은 뽑히기만 한다면 몇 번이고 할 수 있어요.

국회 의원이 되면 오로지 국가와 국민의 이익을 위해서만 일해야 하며, 법이 정한 대로 국무총리나 장관 외에는 다른 직업을 가질 수 없어요. 또한 국회 의원이라는 지위를 개인의 이익을 위해 함부로 이용해서도 안 된답니다.

  **우리나라에서 국회 의원을 가장 많이 한 사람은?**

우리나라에서 국회 의원을 가장 많이 한 사람은 총 3명이에요. 제14대 대통령이었던 김영삼 전 대통령, 김종필 전 국무총리와 박준규 전 국회 의장이 바로 그 주인공들이지요. 세 사람은 무려 9번씩이나 국회 의원을 했다고 해요. 이 중 가장 어린 나이에 국회 의원에 당선된 사람은 김영삼 전 대통령으로, 26세 5개월의 나이로 처음 국회 의원이 되었답니다.

정당

국회 의원도 끼리끼리 모인다고?

정당: 정치적 생각이나 주장이 같은 사람들이 모여 정치적 이상을 실현하기 위해 만든 단체

정치에서 같은 생각과 의견을 가진 사람들이 모여 만든 단체를 정당이라고 해요.

정당은 정권을 획득하는 것을 목적으로 하며, 정권이란 정치상의 권력을 의미하지요.

정권을 획득한다는 것을 조금 더 쉽게 이야기하자면, 우리 정당에서 대통령이 나오게 하거나 우리 정당에 소속된 국회 의원을 더 많이 만드는 것이에요.

시민 단체나 동아리 등도 같은 생각과 관심사를 가진 모임이지만, 정치적 책임을 지지는 않기 때문에 정당이라고 부르지 않아요.

우리나라에는 여러 개의 정당이 있는데, 이 중에서 대통령이 소속되어 있었던, 현재 정권을 주도하는 정당을 '여당'이라고 하고 그 외의 정당을 '야당'이라고 불러요.

대통령과 정치적 성향이 비슷한 여당은 대통령을 도우며 나랏일에 많은 영향을 끼쳐요. 반면에 야당은 정부와 여당의 정책이 올바른지 감시하고, 잘못된 경우 비판하는 역할을 하지요.

 **옥쌤 사회상식**

정당에 속하지 않은 무소속 후보

대부분의 국회 의원들은 정당에 소속되어 있어요. 하지만 정당이 있어야만 국회 의원이 될 수 있는 것은 아니에요. 정당에 소속되어 있었지만 뜻이 맞지 않아 정당을 나가기도 하고, 소신에 따라 다른 정당으로 옮기려고도 하며, 어느 정당에도 소속되지 않은 채 국회 의원에 도전하는 경우도 있어요. 이렇게 소속된 정당 없이 국회 의원 선거에 나선 후보를 '무소속' 후보라고 하지요. 2020년에 치러진 제21대 국회 의원 선거에서는 300명 중 5명의 무소속 후보가 국회 의원으로 뽑혔답니다.

지역구·비례 대표 국회 의원

국회 의원도 뽑는 방법이 다양하다?

지역구 국회 의원: 한 선거구에서 가장 많은 표를 얻어 해당 지역의 대표로 뽑힌 국회 의원
비례 대표 국회 의원: 선거에서 정당이 얻은 총득표 수에 따라 정해지는 국회 의원

대한민국의 국회 의원은 총 300명이에요. 그런데 300명의 국회 의원을 모두 같은 방법으로 뽑는 건 아니에요.

국회 의원에는 지역구 국회 의원과 비례 대표 국회 의원이 있어요. 그래서 국회 의원 선거를 할 때 자신의 지역구 국회 의원 후보와 자신이 지지하는 정당에게 한 번씩 즉, 한 사람이 2표씩 투표를 해요.

지역구 국회 의원은 일정한 지역별로 정해진 선거구에서 가장 많은 표를 받은 사람이 당선돼요.

비례 대표 국회 의원은 정당이 얻은 표에 따라 정해지는 국회 의원이지요. 정당을 지지하는 사람들의 목소리를 국회에 반영하기 위해 비례 대표 제도가 생겼어요.

투표에서 각 정당은 얻은 표의 비율대로 비례 대표 국회 의원 자리를 나눠 가져요. 각 정당의 비례 대표 후보들은 미리 정해 둔 순서대로 국회 의원이 되지요.

예를 들어 A 정당이 비례 대표 후보가 10명인데, 비례 대표 국회 의원 자리를 5개밖에 얻지 못했다면, 후보 1번부터 5번까지만 그 정당의 비례 대표 국회 의원이 된답니다.

 **옥쌤 사회상식** 국회 의원 후보자의 기호 순서

국회 의원 선거에 나온 사람이 여러 명이면 기호 1번, 기호 2번과 같이 숫자로 구분해요. 이때 후보의 기호 숫자는 소속된 정당에 따라 부여받게 돼요. 국회에서 더 많은 자리를 차지하고 있는 정당의 순서대로 앞 번호의 기호를 받지요. 국회 의원이 가장 많은 정당이 기호 1번, 그다음으로 많은 정당이 기호 2번이 되는 거예요. 만약 국회 의원이 한 명도 없는 정당이라면 가나다순으로 정하게 된답니다.

본회의·상임 위원회

법은 어떤 과정을 거쳐 만들어질까?

본회의: 각 상임 위원회에서 심사한 안건에 대해 국회가 최종적으로 결정하는 회의
상임 위원회: 국회에서 특정한 분야의 법안을 본회의에서 다루기 전 미리 심사하도록 만든 국회 의원들의 집단

아무리 국회 의원이더라도 마음대로 법을 만들 수는 없어요. 반드시 정해진 규칙에 따라 법을 만들어야 하지요.

만들고 싶은 법이 있다면 우선 10명 이상의 국회 의원으로부터 그 법에 찬성한다는 확인을 받아야 해요.

이렇게 법안을 만들어 제출하면 상임 위원회, 법제 사법 위원회를 거치면서 내용에 문제는 없는지, 이 법안이 다른 법률을 어기지는 않는지 확인하고요.

그다음에는 국회 의원들이 모여 본회의를 열고 토의와 토론을 거쳐 투표를 하지요. 전체 국회 의원 중 절반 이상이 출석하고, 이 중에 절반 이상이 찬성해야 비로소 법안이 통과된답니다.

이렇게 본회의를 거쳐 만들어진 법은 대통령 검토 후 15일 이내에 일반 국민에게 널리 알려야 하는데, 이를 '공포'라고 해요. 법은 대통령 공포 후 20일 이후 효력을 갖게 되지요.

 ## 법이 만장일치로 만들어지기 힘든 이유

'만장일치'는 한 사람의 반대도 없이 모든 사람의 의견이 같다는 뜻이에요. 나라의 법을 만드는 본회의에서 모든 사람의 의견이 일치하기는 쉽지 않아요. 국민의 대표라는 점은 같지만 저마다 대표하는 지역이 다르고, 소속된 정당도 달라서 각자의 이익과 입장에 차이가 존재하기 때문이지요. 그래서 찬성 입장이 절반을 넘기지 못해 받아들여지지 않는 법도 많답니다. 그러나 부산 세계 박람회(엑스포) 유치를 위한 결의안처럼 회의에 참석한 국회 의원들의 만장일치로 결정되는 법들도 있어요.

표결·가결·부결

결정과 관련된 단어들

표결: 회의에서 어떤 주제에 대해서 찬성과 반대 의견을 표시하여 결정하는 것
가결: 회의에서 의논한 안건에 대해 다수가 찬성하여 내리는 결정
부결: 회의에서 의논한 안건에 대해 다수가 반대하여 내리는 결정

국회 본회의에서 법을 만들 것인지 만들지 않을 것인지 투표로 결정해요.
바로 이때, 결정과 관련된 여러 단어들이 사용된답니다.

먼저, 표결은 회의에서 어떤 주제에 대해 찬성이나 반대를 표시하여 결정한다는 의미예요. 본회의에서 의장이 표결 선포를 하면 국회 의원들이 안건에 대해 찬성, 반대로 의사를 밝히고 그 수를 계산하지요.

표결을 한 결과는 가결과 부결로 나뉘어요. 가결은 의논한 안건이 받아들여져 통과되었다는 의미, 부결은 받아들여지지 않아 통과되지 못했다는 의미예요.

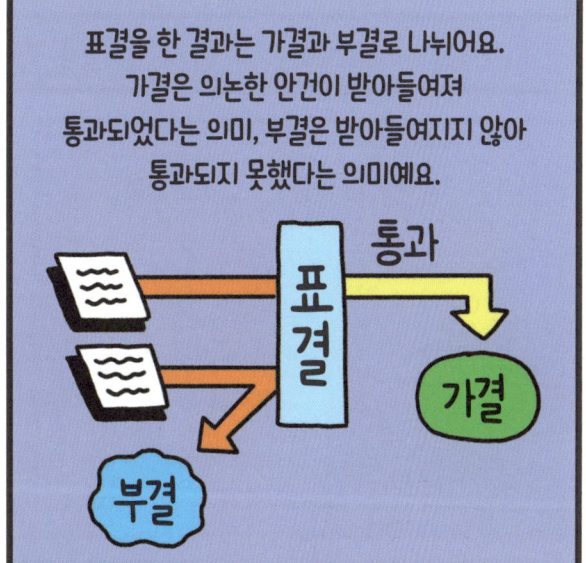

국회에서는 대부분의 사항이 과반수, 즉 절반이 넘는 사람들이 국회에 출석하고, 출석한 사람 중 절반이 넘게 찬성하면 가결돼요. 예를 들어 300명이 국회에 모두 출석했다면 151명 이상이 찬성하면 가결이 되고, 150명 이하로 찬성하면 부결이 되는 것이지요.

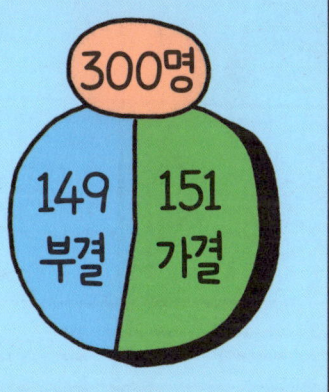

한편 조금 더 철저하게 따지는 사항도 있어요. 헌법을 바꿀 때나 국회 의원 또는 대통령을 자리에서 물러나게 할 때는 전체 국회 의원 중 3분의 2 이상이 찬성해야 한답니다.

여러 가지 표결 방법

국회에선 보통 '전자 투표' 방식으로 표결해요. 전자 투표 기기에 국회 의원이 안건에 대한 찬성, 반대 의사를 입력해요. 투표 결과는 모두 기록되어 인터넷에 공개된답니다. 국민들은 어떤 의원이 어떤 법률 안건에 찬성하고 반대했는지 확인할 수 있지요. 투표용지를 사용해 표결하는 방법도 있어요. '기명 투표'는 투표용지에 찬성, 반대 의사 표시와 함께 투표하는 국회 의원의 이름을 적어요. 헌법을 고치는 경우에 기명 투표로 표결하지요. 반면 '무기명 투표'는 투표용지에 이름을 적지 않아요. 또한 '기립 표결'은 찬성과 반대 각각에 해당하는 국회 의원을 자리에서 일어나게 하여 그 수를 계산하는 방법이에요. 전자 투표 기기가 고장 나면 일부 안건을 제외하고 기립 표결로 한답니다.

인사 청문회

일 잘할 수 있는 사람인지 확인, 또 확인!

인사 청문회: 대통령이 임명하는 행정부 고위 공직자의 자질과 능력을 국회에서 질문을 통해 검증하는 과정

대통령은 나라 살림을 하는 데 중요한 역할을 하는 국무총리, 행정 각부의 장관들을 직접 임명해요.

이때 대통령이 정한 사람이 맡은 일을 제대로 할 수 있는 사람인지, 혹은 문제 있는 사람은 아닌지 국회가 확인하는 절차가 있어요. 이것이 바로 인사 청문회예요.

'인사'란, 어떤 사람을 관직에 앉히거나 그만두게 하는 일을 뜻하고, '청문회'는 어떤 문제에 대하여 내용을 듣고 그에 대하여 물어보는 모임을 뜻하지요.

인사 청문회에서 국회 의원들은 국무총리나 장관 후보자들에게 여러 가지 질문을 해요. 앞으로 맡게 될 일에 대한 지식은 충분한지, 과거에 불법적인 일을 저질렀거나 도덕적으로 문제될 만한 행동을 하지는 않았는지 등을 묻지요.

실제로 인사 청문회에서 후보자가 과거에 저지른 여러 잘못들이 밝혀지는 경우도 종종 있어요.

 옥쌤 사회상식 — 인사 청문회와 같은 역할을 한 서경 제도

고려 시대와 조선 시대에 우리나라에는 '서경 제도'라는 것이 있었어요. 왕이 관리를 임명하거나 새로운 법률을 만들려면 '대간'이라는 관리의 동의를 받아야 하는 제도였지요. 왕에 의해 결정된 사항을 대간이 다시 심사함으로써, 부당한 인사나 업무 처리가 일어나지 않도록 하는 제도였어요. 지금의 인사 청문회와 비슷한 역할을 했던 것이랍니다.

국정 감사

정부가 일을 잘하고 있는지 확인해요

국정 감사 : 국회가 정부의 전반적인 나랏일에 대해 감독하고 검사하는 것

국민은 정부가 권력을 올바르게 쓸 것이라고 믿고 싶어해요. 하지만 아무도 정부를 통제하거나 감시하지 않는다면 정부가 예산을 정해진 대로 쓰지 않거나, 일을 대충하는 문제가 생길 수 있어요.

그래서 1년에 한 번 국회에서는 국정 감사라는 것을 실시하지요. 국정 감사는 정부가 나랏일을 잘하고 있는지 국회에서 확인하고 검사하는 거예요.

국회 상임 위원회는 전문 분야별로 꼼꼼히 정부 기관들을 둘러보고, 몇몇 확인이 필요한 곳들을 골라서 국정 감사를 해요.

우리나라 헌법 제61조에 국정 감사에 대한 내용이 나와 있어요. 국회가 법을 만드는 일 외에 정부를 감시하는 기능을 할 수 있도록 권한을 준 것이지요.

국정 감사를 할 때는 국회에서 정부에게 필요한 서류를 제출하도록 하고, 증인이나 참고인 등을 국정 감사가 이루어지는 곳에 부르기도 한답니다. 대기업 대표나 교수 등 다양한 사람이 증인이나 참고인으로 출석하기를 요청받아요.

국회 의원은 국정 감사에서 정부 기관의 중대한 잘못을 밝혀 국민을 대신해 열심히 일하는 멋진 모습을 보여 주기도 하지요.

국정 감사를 통해 정부가 법에 따라 살림살이를 잘했는지 투명하게 확인하고, 잘못한 부분이 있다면 바로잡아 다음에는 더 좋은 정책을 세우도록 북돋을 수 있답니다.

보수·진보
서로 다른 의견과 생각

보수 : 급격한 변화를 반대하고 지금까지 해 오던 방식을 유지 또는 조금씩 바꾸어 가려 함
진보 : 사회의 여러 문제들을 새롭게 뜯어고쳐 적극적으로 바꾸어 나가려 함

보수는 급격하게 변화하는 것보다 지금까지 해 오던 방식을 유지하면서 조금씩 바꾸어 가자고 주장하는 것을 의미해요.

그 반대인 진보는 사회의 여러 문제들을 새롭게 뜯어고쳐 적극적으로 바꾸어 나가자고 주장하는 것을 의미하지요.

보수를 주장하는 사람들을 '우파', 진보를 주장하는 사람들을 '좌파'라고 표현하기도 해요. 어느 한쪽으로 치우치지 않고 중간을 지향하는 사람들을 '중도'라고 말하고요.

보수와 진보 중 무조건 한쪽이 옳다고 말할 수는 없어요. 서로 입장과 의견이 다를 뿐이지요. 편을 나누어 상대를 배척하고 갈등하기보다, 다양한 의견을 존중하며 더 좋은 길을 찾으려고 노력해야 해요. 살기 좋은 나라를 만들고 싶은 마음은 다 같으니까요.

 **우파, 좌파란 말은 언제부터 썼을까?**

우파와 좌파라는 말이 쓰인 지는 무척 오래되었어요. 1789년 프랑스 혁명 후에 국민 의회가 열렸는데 그때 보수 쪽 사람들이 오른편에, 진보 쪽 사람들이 왼편에 앉은 데에서 이 표현이 비롯되었다고 해요. 일반적으로 우파는 경쟁에 따라 성과를 나누고 국가가 경제에 적게 개입하는 방향을 추구해요. 반면 좌파는 평등과 복지를 중요하게 여기며 국가가 경제 문제에 많이 나서야 한다고 주장하지요.

공천
국회 의원 후보가 되는 방법

공천: 정당을 대표해서 대통령 선거나 국회 의원 선거에 출마할 후보자를 추천하는 일

국회 의원이 되기 위해서는 지역별로 치러지는 선거에서 많은 표를 얻어야 해요.

그런데 한 정당에서 여러 후보가 선거에 나가면 어떨까요? 아마 그 정당의 후보가 국회 의원으로 뽑히게 될 가능성은 낮아질 거예요. 표가 나뉘기 때문이지요.

그래서 보통 하나의 정당에서는 한 지역에 한 사람의 후보만 선거에 출마하도록 해요.

1정당 1지역 1후보

이때, 정당이 정당을 대표해서 한 지역의 국회 의원 후보로 나가는 사람을 추천하는 일을 공천이라고 해요. 그래서 국회 의원이 되고 싶은 사람은 먼저 정당의 공천을 받는 것이 유리해요.

공천하는 방법은 정당마다 달라요. 당선될 가능성과 정당에 얼마나 기여했는지 등을 평가해 후보를 정하는 경우도 있고, 정당에 속한 사람들이 투표해서 정하기도 해요.

정당 안에서 민주적으로 후보자를 선정하는 과정을 거치며 다양한 의견이 논의된답니다. 이를 통해 민주주의가 더욱 성숙하고, 정당의 정책과 뜻이 분명히 정해진다는 장점이 있지요.

반면 공천하는 과정에서 경쟁이 심해져 정당 안에서 갈등이 생길 수 있어요. 공천을 받기 위해 뇌물을 주는 등 잘못을 저지를 수도 있지요. 또한 인기 있는 후보만 계속 공천을 받아 새로운 인물이 국회 의원이 되기 어렵다는 단점도 있어요.

자신이 소속된 정당의 공천을 받지 못한 사람은 정당에서 나와 무소속으로 선거에 출마하기도 하지요.

교과 연계

| **3학년 도덕** 06. 생명을 존중하는 우리 |
| **5학년 도덕** 01. 바르고 떳떳하게 |
| **5학년 도덕** 05. 갈등을 해결하는 지혜 |
| **5학년 1학기 사회** 02. 인권 존중과 정의로운 사회 |
| **6학년 도덕** 04. 공정한 생활 |

4장
재판하는 법원

법원 | 삼심 제도 | 형사 재판 | 민사 재판 | 판사 | 검사 | 변호사 | 구속·불구속 | 구형·선고 | 일사부재리 | 공소 시효 | 무기 징역 | 집행 유예 | 법정 증거주의 | 국민 참여 재판

축구 경기를 할 때 누군가 반칙을 해서 골을 넣거나 선수들 사이에 감정이 격해져 싸움이 나면 어떻게 될까요? 규칙이 제대로 지켜지지 않은 경기는 재미가 없고, 싸움이 난 상태로는 경기가 더 이상 진행될 수 없을 거예요. 그래서 축구 경기에는 심판이 있답니다. 심판은 반칙을 한 선수에게 경고를 주고 폭력을 쓰는 선수가 있다면 경기장 밖으로 퇴장시킬 수 있지요. 이처럼 우리 사회에도 갈등이 일거나 법을 어기는 사건이 벌어질 때 옳고 그름을 가려 줄 심판이 필요해요. 우리나라 국민들의 심판이라고 할 수 있는 법원은 어떤 일을 할까요?

법원

법을 적용하는 곳

법원: 법을 해석하고 그에 따라 재판을 하는 국가 기관

국회에서 국민의 대표가 모여 법을 만들었으면, 국민 모두가 이 법을 잘 지켜야 해요. 하지만 때때로 누군가 법을 어기거나 개인 사이에 다툼이 벌어져 문제가 생기기도 하지요.

이럴 때 사회의 질서와 안전을 지키기 위해 국가가 나선답니다. 국가는 국민의 권리를 보호해야 할 의무가 있으니까요.

법원은 국회에서 만든 법을 기준으로 누군가가 법을 지킨 것인지 법을 어긴 것인지 판단하고, 만약 법을 어긴 것이라면 어떤 처벌을 내릴지 결정해요. 사회에 피해를 준 사람을 심판해 질서를 바로잡는 것이지요.

또한 법원은 개인과 개인, 개인과 국가 사이에 갈등이 생겼을 때, 둘 사이의 옳고 그름을 법에 따라 판단해 갈등을 해결하지요.

법원은 다른 말로 '사법부'라고도 불러요. '사법(司法)'은 '법을 맡다'라는 뜻이에요. 이처럼 법원은 누구나 평등하고 공정하게 재판받도록 법을 적용하는 기관이랍니다.

사법부는 앞서 배운 행정부, 입법부와 함께 국가의 힘을 나눠 갖고 국민을 위해 일하는 중요한 기관이지요.

법원을 상징하는 그림이 있다고?

우리나라 사법부의 상징은 그리스 신화 속 법과 정의의 여신인 '디케'의 모습을 본떠 만들었어요. 디케는 우리나라 사법부뿐만 아니라, 다른 나라의 관공서에서도 종종 상징물로 사용하곤 해요. 공정함을 더 강조하기 위해 눈가리개를 한 모습으로 표현하기도 하지요. 대한민국 법원을 상징하는 정의의 여신은 한 손에는 법전을, 다른 한 손에는 저울을 들고 있어요. 법전과 저울은 법에 따라서 공정하게 판결하겠다는 의미를 담고 있답니다.

삼심 제도

한 번으론 억울해!

삼심 제도 : 한 사건에 대하여 세 번의 심판을 받을 수 있는 제도

법원이 법에 따라 판결을 내리는 일을 재판이라고 해요. 재판에서 법을 어긴 것으로 결정이 되면 법에 따라 처벌을 받지요.

그런데 이때, 재판을 받을 수 있는 기회가 딱 한 번뿐이라면 어떨까요? 자칫 잘못된 판결로 인해 억울한 사람이 생길 수 있을 거예요.

그래서 한 사건에 대해 세 번까지 재판을 받을 수 있도록 법을 만들었는데, 이것이 바로 삼심 제도예요. 처음 받는 재판을 1심이라고 하고, 뒤로 2심, 3심까지 재판을 받을 수 있지요.

 1심 2심 3심

1심의 결과에 동의할 수 없다면 항소를 해서 두 번째 재판인 2심으로 넘어가고, 만약 2심의 결과도 불공정하다고 생각하면 세 번째 재판인 3심을 받게 되는 식이에요. 단, 3심에서 내려진 판결은 되돌릴 수 없어요.

1심은 지방 법원, 2심은 고등 법원, 3심의 최종 판결은 대법원에서 담당해요.

 지방 법원 →  고등 법원 →  대법원

하지만 모든 재판에 삼심 제도가 적용되는 것은 아니에요. 국가 비상 사태에서 군사 재판, 선거와 관련된 재판 등 빠르게 해결되어야 할 사건에 대해서는 한 번이나 두 번만 재판을 하지요. 이때도 최종 판결은 대법원이 맡는답니다.

삼심 제도는 법원에게는 신중한 재판을 하도록 하고, 재판을 받는 사람에게는 억울한 일이 생기지 않도록 하기 위해 만들어진 제도예요.

 옛날에도 '삼복제'가 있었다!

고려 시대와 조선 시대에도 사형 판결을 받을 죄인을 초심, 재심, 삼심으로 세 번에 걸쳐 자세히 조사하도록 했어요. 사람의 목숨을 빼앗는 형벌인 사형은 한번 집행하면 돌이킬 수 없기 때문에 신중하게 조사해서 억울한 죽음을 막으려고 했던 것이지요. 오늘날의 삼심 제도와 꼭 닮은 제도였어요.

형사 재판

범죄 없는 안전한 사회를 위한 재판

형사 재판: 법을 어겨 사회 질서와 안전을 위협한 범죄자를 처벌하기 위한 재판

문제의 옳고 그름을 따지는 재판에는 여러 종류가 있어요. 어떤 문제로 재판을 받느냐에 따라 민사 재판, 형사 재판, 행정 재판, 선거 재판 등으로 나뉘지요.

형사 재판은 법을 어겨 사회 질서와 안전을 위협한 사람들에게 벌을 주기 위해 열리는 재판이지요.

즉, 범죄를 저지른 것으로 의심되는 피고인의 잘잘못을 가리는 것이 목적인 재판이에요.

형사 재판에서는 피고인이 정말 죄를 저질렀는지, 저질렀다면 어떻게 처벌할 것인지를 주로 다루어요. 그래서 이 재판에는 피고인을 처벌해 달라고 요청하는 검사와, 피고인을 옹호하는 변호인이 참여해요.

검사　피고인　변호인

검사는 수집한 자료를 바탕으로 피고인의 범죄를 증명하려고 애쓰고, 변호인은 피고인의 입장에서 검사의 주장에 반박하지요.

재판 결과, 피고인의 죄를 입증할 증거나 논리가 부족하면 판사는 무죄를 선고해요.

그러나 피고인의 죄가 인정되면 판사는 유죄 판결을 하고, 여기에 따라 벌금을 내게 하거나 감옥에 가도록 해요.

간단하게 판결을 내리기도 한다고?

형사 재판은 그 과정이 복잡하고 시간도 굉장히 오래 걸려요. 그런데 사건 중에는 이렇게 무겁고 중대한 것만 있는 것은 아니에요. 예를 들어 운전 중 교통 법규를 어기거나, 시끄럽게 소란을 피워서 이웃들에게 피해를 주는 등 일상생활에서 가벼운 범죄를 저지르는 사람들도 많지요. 이것은 명백하게 법을 어긴 것이지만, 그렇다고 형사 재판을 할 정도로 대단한 사건은 아니에요. 그래서 이렇게 가벼운 범죄를 저지른 사람을 대상으로는 정식 재판을 진행하지 않고 간단한 절차를 거쳐 판사가 판결하는 '즉결 심판'을 한답니다.

민사 재판

갈등을 해결하는 재판

민사 재판: 개인과 개인 사이에 발생한 문제를 해결하기 위한 재판

민사 재판은 개인과 개인, 개인과 기업, 기업과 기업 간의 권리나 재산 문제가 생겼을 때 열리는 재판이에요.

민사 재판은 검사가 요청하는 것이 아니라 법원의 판단을 받고 싶은 개인이나 기업이 법원에 소송을 신청해서 열리게 되지요. 이때 소송을 신청한 사람을 '원고', 소송의 대상이 된 사람을 '피고'라고 불러요.

만약 A가 B에게 돈을 빌리고는 갚지 않아서 B가 소송을 신청해 민사 재판이 열린다면 A는 피고, B는 원고가 되지요. 원고와 피고 모두 변호인을 고용하여 재판에 참여하는 경우가 대부분이에요. 민사 재판에는 검사가 참여하지 않지요.

재판에서 원고 B는 자신의 피해를 주장하고, 피고 A는 B의 주장에 대해 반박할 수 있어요.

법원은 A와 B가 제시한 객관적인 증거 자료 등을 충분히 조사하여 판결을 내리지요.

A와 B가 판결을 받아들이면 소송이 끝나게 되고, 어느 한쪽이라도 판결이 불공정하다고 생각하면 상급 법원에 다시 재판을 받게 해 달라고 요청할 수 있어요.

옥쌤 사회상식 민사 소송은 끝날 때까지 얼마나 걸릴까?

드라마 속에서 재판은 시작한 지 몇 분만에 끝나는 것처럼 보이기도 해요. 하지만 현실에서 민사 소송은 오랜 기간 동안 진행된답니다. 원고가 소송을 신청하기 위해 서류를 제출하면, 피고는 그에 대해 답변하는 서류를 내요. 그다음 법원에서 증거를 정리하고 원고와 피고의 주장을 살피며 판결을 내리지요. 판결에 동의할 수 없다면 2심, 3심으로 다시 재판을 받아요. 이 모든 과정에는 많은 시간이 필요해요. 민사 소송은 사건에 따라 다르지만, 평균 6개월 정도 걸린다고 해요. 빨리 끝나면 대략 1개월이고, 소송이 오래 이어지면 2년이 넘는 경우도 있어요.

판사

법정에서 가장 높은 자리에 앉는 사람

판사: 재판을 이끌어 가며 법에 따라 최종적인 판결을 내리는 사람

재판에는 많은 사람이 참여해요. 그중 재판을 이끌어 가며 법에 따라 최종적인 결정을 내리는 사람을 판사라고 하지요. 드라마나 영화에서 망치처럼 생긴 의사봉을 땅! 땅! 땅! 두드리며 판결을 내리는 사람을 본 적 있지요?

판사는 재판을 시작하기 전, 맨 마지막으로 법정에 입장해요. 이때 재판에 참여한 모든 사람이 자리에서 일어나 정중하게 판사를 맞이해요.

어떤 사람들은 이런 행위를 불편해하기도 해요. 판사가 지나치게 권위적으로 보인다는 이유지요. 그러나 이것은 판사 개인이 아니라, 법원에 대한 존중을 표현하는 방식이에요. 법정에서 판사는 법원을 대표하는 역할이니까요.

판사는 재판에 참여한 당사자들의 주장을 듣고 법과 양심에 따라 공정하게 판결을 내려요. 이때, 판사는 오랜 시간 고민하여 작성한 판결문을 읽지요. 재판의 결과를 담는 중요한 문서이기 때문에 수십 수백 번 고쳐 쓰기도 해요.

지방 법원, 고등 법원에서 일하는 판사의 임기는 10년이고 대법원에서 일하는 대법원장과 대법관의 임기는 6년이지요. 대법원장은 국회의 동의를 얻어서 대통령이 임명해요. 대법원장은 대법관을 추천할 수 있고, 판사를 임명할 권한을 가진답니다.

옥쌤 사회상식 — 판사가 피고의 가족이면 어떡하지?

판결을 내리는 판사가 재판의 당사자와 친척이거나 친분이 있는 사람이라면 공정한 재판이 이루어지지 않을 위험이 있지요. 아무리 공정한 재판을 하는 판사라도 그 대상이 가족이나 친한 사람이라면 팔이 안으로 굽을 수밖에 없으니까요. 그래서 불공정한 재판이 될 우려가 있을 때는 다른 판사가 재판을 맡도록 요청하는, '법관 기피 신청 제도'가 있어요.

검사

범죄를 밝히려 애쓰는 사람

검사: 범죄 수사를 총괄 지휘하고 형사 사건의 재판을 요청하는 역할을 하는 공무원

검사는 범죄가 일어났을 때 법률 지식을 바탕으로 사건을 세밀하게 수사하고, 법에 어긋나는지 여부를 따진답니다. 만약 사건에서 죄를 지었다고 의심되는 사람이 있다면 법원에 심판해 줄 것을 요구하지요. 이것을 '공소'라고 해요.

검사는 공소할 수 있는 권리인 '공소권'이 있어서 범죄 수사 시작부터 사건의 종결까지 총괄할 수 있는 힘을 가지지요. 오직 수사할 수 있는 권한만 가진 경찰과의 결정적인 차이라고 할 수 있어요.

경찰이 피의자를 수색·체포·구금·압수 등을 하려면 검사가 신청해 법원이 발부하는 명령서인 '영장'이 필요해요.

재판에서 검사는 '이 사람이 이만큼의 죄를 저질렀으니 어떤 처벌을 내려 달라'고 요구하는 쪽이에요. 그래서 범죄 사실을 확인하고, 죄를 증명할 수 있는 증거들을 가지고 재판에 참여하지요.

판사와 검사는 같은 법정에서 법을 바탕으로 일하지만, 판사는 사법부(법원)에 소속되어 있고, 검사는 행정부(검찰청)에 소속되어 있답니다.

옥쌤 사회상식 : 검사로서 엄숙하게 선서합니다!

검사는 법으로 정의를 세우고 범죄로부터 우리 사회를 지키는 중요한 역할을 맡아요. 그래서 검사가 되면 공익의 대표자로서 지녀야 할 자세와 마음가짐을 엄숙하게 다짐하며 '검사 선서'를 해요. 검사 선서에는 '불의의 어둠을 걷어 내는 용기 있는 검사', '힘없고 소외된 사람들을 돌보는 따뜻한 검사', '오로지 진실만을 따라가는 공평한 검사', '스스로에게 더 엄격한 바른 검사'가 되겠다는 내용이 담겨 있어요.

변호사

법적인 문제를 대신 살펴 주는 사람

변호사: 의뢰인을 대신해 법적인 문제를 해결하고 변론해 주는 사람

검사는 사건을 수사하고, 법정에서 피고인의 죄를 입증하려고 노력해요. 판사에게 피고인의 처벌을 요구하는 쪽이지요. 그렇다면 피고인의 편을 들어주는 사람은 없을까요?

변호사는 검사의 반대편에서 피고인을 대신하여 이야기해 주는 사람이에요. 법은 내용이 방대하고 복잡해서 일반인이 자신의 주장과 근거를 논리적으로 말하기는 매우 어려워요. 그래서 재판에 참여하는 사람들은 법을 잘 알고 있는 변호사(변호인)의 도움을 받는답니다.

형사 재판에서 변호사는 검사의 논리와 주장에 맞서 피고인이 죄가 없음을 증명하거나 판사를 설득해 처벌을 낮추려고 노력하지요.

민사 재판에서는 대신 소송에 나서 사건을 의뢰한 사람의 권리와 재산을 지키기 위해 애써요. 상대방과 합의를 이끌어 내거나 복잡한 서류를 작성하고 여러 증거를 모으는 등의 일이 여기에 속하지요.

그 밖에 재판이 아니더라도 법률과 관련된 궁금증이나 조언이 필요할 때 사람들은 변호사를 찾아가 상담을 받기도 해요.

법정에 나가지 않고 법률 상담만 전문으로 하는 변호사도 있어요.

회사에 소속되어 법률적인 업무를 담당하기도 해요.

변호사를 구하지 못하면 어쩌지?

재판에서 이기려면 전문적인 법률 지식이 필요해요. 그래서 대부분의 사람들은 법률 전문가인 변호사에게 비용을 지불하고 자신을 대신해 재판에 임하도록 하지요. 그런데 처벌을 받을 수도 있는 형사 재판에서 변호사를 구하지 못했다면 어떻게 할까요? 형사 재판을 받을 사람이 변호인을 구하기 어려운 사정이 있거나 그 사건의 변호를 맡고자 하는 사람이 없을 때, 국가가 직접 '국선 변호인'을 선정할 수 있답니다. 헌법에 따르면, 국민 누구에게나 '체포 또는 구속을 당했을 때 변호인의 도움을 받을 권리'가 있어요. 그래서 국민의 권리를 보장하기 위해 국가가 나서는 것이지요.

구속·불구속

조사할 때 가둘까, 말까?

구속: 법원이나 판사가 피의자나 피고인을 강제로 일정한 장소에 잡아 가두는 일
불구속: 법원이나 판사가 피의자나 피고인을 구속하지 않는 것

텔레비전에서 죄를 지은 것으로 의심되는 사람을 경찰이 체포해 조사하는 걸 봤나요? 이렇게 사람을 일정한 장소에 가두어 두고 수사하는 것을 구속 수사라고 해요. 반대로, 가두어 두지 않고 필요할 때마다 불러서 수사하는 것은 불구속 수사라고 하지요.

그런데 문제는 구속된 사람이 유죄 판결을 받기도 전에 이미 신체의 자유를 침해받았다는 사실이에요. 이렇게 사건 해결 과정에서 인권을 침해하는 상황이 종종 발생하기 때문에, 법은 이 절차가 신중하게 이루어지도록 하고 있어요.

피의자를 체포하거나 구속할 때 필요한 일종의 증명서예요.

영장은 경찰과 같은 수사 기관이 검사에게 요청하고, 검사의 청구에 의해 판사가 발행해요. 이렇게 번거롭고 복잡한 과정을 거치는 이유는 신체의 자유를 빼앗는 행위가 함부로 이루어지지 않도록 하기 위해서지요.

판사는 영장을 발행하기 전, 영장 발행의 필요성을 고민하지요.

일정하게 지내는 곳이 없어서 도망칠 가능성이 높고, 증거를 없앨지도 모른다는 생각이 들기 때문에 구속 수사가 필요합니다.

구속 수사를 받던 사람이 실제로 징역형 판결을 받게 되면 구속 수사를 하는 동안 갇혀 있었던 기간만큼을 형량에서 줄여 줘요. 구속 수사가 시작되면서 이미 자유를 박탈당했기 때문이지요.

'구속 적부 심사 제도'라는 것도 있어요. 구속 영장에 의해 이미 구속된 사람에 대하여 법원이 다시 한번 검토하고 판단하는 거예요. 과연 이 사람을 구속한 것이 법에 맞는지, 혹시 부당하게 체포되어 온 것은 아닌지 말이에요.

구형·선고

이만큼 벌을 받게 해 주세요

구형: 형사 재판에서 검사가 피고인에게 어떤 형벌을 줄 것을 판사에게 요구하는 일
선고: 검사의 구형을 참고하여 판사가 최종적으로 내린 판결

뉴스를 보면 종종 구형과 선고라는 말을 듣게 됩니다. 형사 재판에서 피고인의 처벌과 관련된 재판 용어들이에요.

형사 재판이 열리면 사건을 조사한 검사는 피고인이 받아 마땅하다고 생각하는 형벌을 판사에게 요청하지요. 예를 들어 '이 사람이 10년 징역을 살도록 해 주십시오'라는 식으로요.

이것을 구형이라고 해요.

선고는 검사의 구형을 참고하여 판사가 최종적으로 내린 판결을 의미해요. '징역 10년을 선고받았다'는 말은, 피고인이 감옥에서 10년간 지내도록 판사가 최종 판결을 내렸다는 뜻이지요.

검사의 구형과 판사의 선고가 일치하는 사건도 있지만, 다른 결과가 나타나는 경우도 종종 있어요.

최종 판결에서 '선고 유예'라는 말이 덧붙여지는 경우도 있어요. 선고 유예란, 1년 이하의 징역이나 금고, 자격 정지, 벌금의 형에 해당하는 비교적 가벼운 범죄에 대하여 피고인의 사정을 고려해 형의 선고를 미뤄 주는 거예요.

선고 유예 기간 2년 동안 특별한 사고가 없다면 형의 선고가 없었던 것으로 해 주겠습니다.

 **옥쌤 사회 상식** 재판 중에 법이 바뀌면 어떻게 할까?

사람을 때리면 3년 동안 징역을 살아야 한다는 법이 있다고 가정해 봐요. A라는 사람이 누군가를 때려서 재판을 받는 중이고요. 그런데 재판을 받는 도중 국회에서 '지금부터는 사람을 때리면 징역 10년을 살아야 한다'라고 법을 바꾸었어요. 그렇다면 A는 얼마만큼의 처벌을 받게 될까요? 정답은 3년이에요. A가 범죄를 저질렀을 당시 법은 징역 3년이라는 처벌을 내리도록 되어 있었기 때문이지요. 이렇게 '법이 만들어지기 이전에 발생한 사실에 대해서는 적용하지 않는다'는 것을 '법률 불소급의 원칙'이라고 해요.

일사부재리

끝난 사건은 다시 보지 않아!

일사부재리: 형사 재판에서 판결이 확정되어 마무리된 사건은 다시 심판하지 않는다는 원칙

어떤 사람이 누군가를 다치게 한 혐의로 재판이 열렸어요. 그런데 재판 결과, 증거가 부족해 이 사람은 무죄 판결을 받았지요.

그런데 이후 이 사람이 범행을 저질렀다는 증거가 새롭게 발견되었어요. 이럴 때는 어떻게 할까요? 이 사람은 비로소 벌을 받게 되는 것일까요?

의외로 그렇지 않아요. 우리나라 법에는 일사부재리의 원칙이라는 것이 존재하기 때문이에요. 형사 재판에서 판결이 확정되어 마무리된 사건은 다시 심판하지 않는다는 원칙이에요.

동일한 사건에 대해 몇 번이고 처벌할 수 있게 되면 아무리 범죄자라고 하더라도 인권이 침해당할 수 있고, 이 과정에서 재판 또한 많아져서 법원의 일이 과중해지기 때문이지요.

물론 그 사람이 비슷한 범죄를 다시 저지른다면 그것은 새로운 사건이기 때문에 재판을 열어 처벌할 수 있답니다.

옥쌤 사회상식 — 일사부재리의 원칙이 적용되지 않는 경우

일사부재리의 원칙이 적용되지 않는 경우가 있답니다. 형사 재판에서 유죄로 최종 판결이 내려졌다 하더라도, 위조된 증거나 거짓 진술이 있었다면 피고인의 이익을 위해 다시 재판을 요청할 수 있지요. 또한 형사 재판에서 판결받았더라도 같은 사건에 대해 민사 재판을 열 수 있어요. 예를 들어 살인죄로 형사 재판에서 유죄를 받은 사람에게 피해자의 가족이 민사 소송으로 손해 배상을 청구할 수 있지요. 국제 범죄도 일사부재리의 원칙이 적용되지 않아서 같은 사건으로 다른 나라에서 또 재판을 받을 수 있어요.

공소 시효

시간이 지나면 처벌할 수 없어!

공소 시효: 범죄 사건이 일어났을 때 일정 기간이 지나서까지 범인이 잡히지 않으면, 검사의 공소권이 없어지는 제도

검사가 법원에 재판을 요청하는 것을 '공소'라고 해요. 범죄를 저지른 사람이 있으면 검사가 공소를 제기하고, 재판을 열어 심판하게 되는 것이지요.

그런데 이 공소도 정해진 기한인 공소 시효가 있어요. 범죄가 일어나고 일정 기간이 지날 때까지 범인을 체포해 법정에 세우지 못하면 공소가 취소되는 것이지요. 공소 시효가 지난 뒤에는 범인을 잡더라도 그 사건으로 재판을 열 수 없어요. 재판을 열 수 없으니 처벌도 할 수 없답니다.

우리나라는 범죄의 종류에 따라 1년에서 25년까지 공소 시효가 법으로 정해져 있어요. 사기죄와 강도죄의 공소 시효는 10년, 간첩죄의 공소 시효는 25년이지요.

공소 시효가 없는 것도 있어요. 살인죄는 공소 시효가 15년이었다가 2007년에 25년으로 늘었고, 2015년부터 공소 시효를 적용하지 않기로 했어요. 그래서 아무리 오랜 시간이 지나도 살인을 저지른 사람에게 책임을 물을 수 있게 되었지요.

공소 시효에 대한 사람들의 의견은 다양해요. 공소 시효를 아예 없애서 범죄자를 끝까지 잡아야 한다는 입장과, 수사와 법원의 업무를 효율적으로 할 수 있게 공소 시효를 유지해야 한다는 입장이 있지요.

옥쌤 사회상식 — 외국으로 도망쳐 봤자 소용없어!

대부분 범죄자는 범행 이후 얼마 지나지 않아 검거되지만, 일부는 교묘하게 피신하여 공소 시효가 끝나기를 기다리기도 해요. 자기 나라에서 범죄를 저지르고 외국으로 도망치는 경우도 종종 있지요. 그런데 우리나라 법에서는 범죄자가 외국으로 도망치면 외국에 있었던 기간은 공소 시효에 포함하지 않아요. 실제로 범죄를 저지르고 중국으로 도망쳤던 범죄자들이 공소 시효가 지났다고 생각하고 당당하게 우리나라로 돌아왔다가 체포된 일이 있었답니다.

무기 징역

감옥에서 언제 나올지 모른다고?

무기 징역 : 기간을 정하지 않고 평생 동안 감옥에 가두어 노동을 시키는 형벌

형벌도 여러 종류가 있어요. 우리나라에는 아홉 가지 형벌이 있지요.

생명형	자유형			재산형			명예형	
사형	징역	금고	구류	벌금	과료	몰수	자격 상실	자격 정지

이 중에서 사람을 감옥에 가두어 자유를 빼앗는 형벌을 '자유형'이라고 해요. 자유형 중에서 구류는 기간이 1일 이상 30일 미만으로, 자유형 중 가장 가벼운 형벌이지요.

반면, 징역과 금고는 아주 무거운 벌이에요. 법원의 판결에 따라 짧게는 1개월부터 길게는 50년까지 형벌의 기간을 정하지요. 특히 징역은 감옥 안에서 일정한 일까지 해야 하므로 단지 자유만 빼앗기는 금고보다 더 무거운 형벌이랍니다.

그런데 기간을 정해 두지 않고 감옥에서 징역을 살도록 하는 형벌도 있어요. '기간이 정해지지 않았다'는 뜻으로 '무기 징역'이라고 하지요.

평생이라니!

하지만 무기 징역은 벌을 줄여 주거나 임시로 풀어 주는 경우도 있기 때문에 죽을 때까지 감옥에 있어야 하는 '종신형'과는 달라요.

임시로 석방해 준다고?

정해진 벌을 다 받지 않았는데 감옥에서 나갈 수 있는 경우가 있답니다. 죄수가 감옥에서 충분히 반성을 했고, 다시 범죄를 저지르지 않을 것이라고 판단되면 법무부 장관이 죄수를 임시로 풀어 줄 수 있어요. 이것을 '가석방'이라고 하지요. 가석방된 사람은 국가가 일정한 기간 동안 감독하는데, 만약 그 기간 동안 법을 어기지 않는다면 남아 있는 벌을 받지 않아도 되지요. 하지만 사형을 선고받은 죄수는 가석방될 수 없어요.

집행 유예

처벌을 미루어 준다?

집행 유예: 재판에서 유죄 판결을 한 뒤, 바로 처벌을 하지 않고 일정 기간 처벌을 미루어 주는 것

재판에서 죄가 있는 것으로 판결이 나면 징역, 금고, 벌금 등의 처벌을 받게 되지요. 그런데 재판에서 판결이 났는데도 바로 처벌을 받지 않는 경우도 있어요. 집행 유예를 받게 되었을 때지요.

집행 유예란 처벌을 미루어 주는 것을 말해요. 예를 들어 '징역 1년에 집행 유예 2년'이라는 판결을 받았다면, '원래 징역 1년을 살아야 하지만 2년간 처벌을 미루어 주겠다'라는 의미예요.

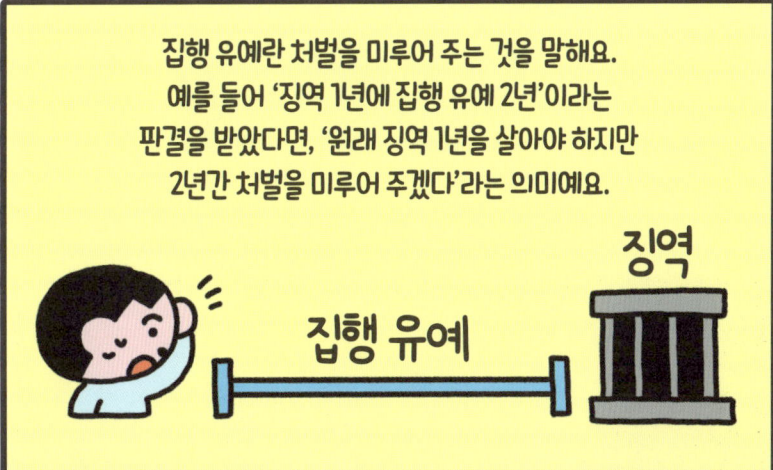

그리고 집행 유예 기간 동안 특별한 문제가 없다면 앞서 선고받은 형벌의 내용은 사라지게 되지요.

집행 유예의 기간은 1년 이상 5년 이하이며, 3년을 넘는 징역이나 500만원을 초과하는 벌금은 집행 유예를 할 수 없어요.

당장 눈에 띄는 형벌을 받는 건 아니기 때문에 집행 유예 판결을 무죄 판결처럼 여기는 경우도 있어요. 이것은 큰 착각이에요. 죄를 지었다는 기록은 남게 된답니다.

그런데 집행 유예는 왜 있는 걸까요? 형벌의 목적이 처벌이 아니라, 범죄를 저지른 사람을 다시 성공적으로 사회에 복귀시키는 것이기 때문이랍니다. 형벌의 목적을 반드시 감옥에서만 달성할 필요는 없으니까요.

 사회 속에서 이루어지는 감독과 지도

보호 관찰 제도는 범죄인을 감옥에 가두지 않고 사회생활을 하면서 일정한 감독과 지도를 받도록 하는 것이에요. 범죄인이 다시 범죄를 저지르지 못하게 하고 사회로 복귀하는 것을 돕기 위한 방법이지요. 보호 관찰 제도와 함께 사회봉사 명령이나 수강 명령이 내려지기도 해요. 사회봉사 명령은 범죄인이 보수를 받지 않고 일정 기간 동안 지역 사회를 위해 의무적으로 봉사하게 하는 것이지요. 수강 명령은 국가가 지정한 곳에서 특정한 교육을 받도록 명령하는 것으로, 주로 도박이나 약물 등 중독성 범죄를 저지른 사람에게 내려진답니다.

법정 증거주의

죄를 증명할 수 있어야 해!

법정 증거주의 : 판사가 재판에서 판결을 내릴 때는 반드시 일정한 증거를 바탕으로 해야 한다는 원칙

판사가 재판에서 판결을 내릴 때는 증거를 바탕으로 해야 하지요. 이것을 법정 증거주의라고 해요. 아무리 죄를 저지른 것으로 의심되는 사람이더라도 증거가 없으면 처벌할 수 없어요. 반대로 죄를 저지르지 않았다고 주장하더라도 확실한 증거가 있다면 처벌을 해야 하지요.

증거는 사실을 입증할 수 있는 물건이나 영상, 컴퓨터 파일, 문서 등이 될 수 있어요. 그리고 사건과 관련한 내용을 알고 있는 목격자나 전문가의 의견도 증거가 될 수 있답니다.

그런데 재판에서 쓰이는 증거는 반드시 법을 어기지 않고 마련된 것이어야 해요. 만약 불법적인 방법으로 얻은 증거라면, 그것이 아무리 사건을 해결할 수 있는 결정적인 내용이라고 해도 증거로 인정해 주지 않는답니다.

법을 근거로 심판하는 법정이 불법을 인정할 순 없으니까요.

예를 들어, 우리나라에서는 다른 사람들의 대화를 몰래 녹음하는 것이 불법이기 때문에, 그 내용은 증거로 사용되기 어려워요.

재판에서 사건과 관련 있는 내용을 이야기하는 사람을 '증인'이라고 하고, 증인이 하는 말을 '증언'이라고 해요. 때로는 증인의 한마디에 의해 큰 범죄 사실이 밝혀지기도 하고, 반대로 범죄 혐의를 벗기도 하지요.

그런데 만약 증인이 거짓말을 하면 어떻게 될까요? 당연히 거짓 증언은 법에 의해 처벌을 받게 돼요. 법정에서 증언을 하기 전 증인은 "양심에 따라 숨김과 보탬이 없이 사실 그대로 말하고, 만일 거짓말이 있으면 위증의 벌을 받기로 맹세합니다."라고 선서를 한답니다.

국민 참여 재판

국민들이 직접 법정에서 법을 적용한다?

국민 참여 재판: 국민이 직접 형사 재판에 배심원으로 참여하는 제도

재판에서 유죄인지 무죄인지를 결정하고 심판하는 사람은 판사예요. 그런데 국민들이 직접 참여하여 유죄인지 무죄인지 의견을 낼 수 있는 재판이 있답니다.

바로 국민 참여 재판이에요.

형사 재판에서 피고인이 국민 참여 재판을 희망하면 일반 국민 5~9명이 배심원으로 재판에 참여해서 유죄와 무죄에 대한 결정을 할 수 있어요.

물론 배심원이 결정한다고 해서 그대로 판결이 나는 것은 아니에요. 최종 판결은 판사가 하는데, 판사의 결정이 배심원의 의견과 다르다면 판사는 판결문에 배심원과 다른 결정을 한 이유를 분명히 밝혀야 해요. 판사가 유죄를 결정한 뒤에는 형량, 즉 처벌의 양은 얼마가 적당한지 다시 배심원에게 의견을 묻지요.

우리나라의 국민 참여 재판 제도는 2008년부터 시작됐어요. 법은 한번 정해지면 좀처럼 바뀌지 않지만, 사람들의 일반적인 상식과 정의감의 기준은 변하기 때문에 이를 반영하기 위해 이런 재판을 만들었어요.

만 20세 이상의 국민이라면 누구나 배심원이 될 수 있어요. 만약 배심원이 된다면 객관적인 입장으로 책임감 있게 참여해야겠지요?

20세 이상

배심원은 어떻게 뽑을까?

배심원은 희망하는 사람이 신청해서 될 수 있는 것이 아니랍니다. 법원이 국민 중에 무작위로 선정하지요. 배심원 후보가 됐다는 연락을 받았다고 해서 바로 국민 참여 재판에 참석할 수 있는 건 아니에요. 배심원으로 재판에 참여해도 괜찮은 사람인지 법원에서 여러 질문을 통해 판단하는 과정을 거쳐야 해요. 배심원이 갑자기 재판에 참여할 수 없는 상황을 대비하기 위해 예비 배심원도 함께 선정하지요. 배심원으로 재판에 참여하면 법원에서 기념품도 준다고 하네요.

교과 연계	
4학년 1학기 사회	03. 지역의 공공 기관과 주민 참여
4학년 도덕	04. 힘과 마음을 모아서
5학년 1학기 사회	02. 인권 존중과 정의로운 사회
5학년 도덕	05. 갈등을 해결하는 지혜
6학년 1학기 사회	01. 우리나라의 정치 발전

우리 생활 속 정치

5장

독재 | 삼권 분립 | 다수결의 원칙 | 여론 | 국제기구 | 시민 단체 | 갈등 | 난민 | 4·19 혁명 | 5·18 민주화 운동 | 6월 민주 항쟁

정치는 어른들만 하는, 뉴스와 신문에서나 보는 어려운 일이 아니에요. 서로 다른 의견을 조율해 공동체를 이루는 기술 모두가 정치라고 할 수 있어요. 따라서 친구와 방과 후에 무엇을 할지 이야기를 나누고, 학교나 가정 등 자신이 속한 집단의 일에 관심을 가지며 의견을 내는 것도 정치의 한 부분이지요. 또한 우리 주변을 둘러보면 우리나라의 정치를 민주주의로 이끌기 위해 노력한 흔적이 가득하답니다. 달력 속 기념일만 찾아봐도 알 수 있지요. 우리가 일상 곳곳에서 경험하는 정치에 대해 자세히 알아볼까요?

독재

모든 권력을 한 사람이 갖고 있다면?

독재: 특정한 사람이나 어느 한 집단이 모든 권력을 차지하고 모든 나랏일을 마음대로 처리하는 것

민주주의 국가의 주인은 국민이에요. 따라서 나라의 중요한 일은 국민의 의견을 따라 결정해야 하지요.

그런데 특정한 사람이나 어느 한 집단이 막강한 권력을 차지하고 모든 나랏일을 마음대로 처리하는 경우가 있어요. 우리는 이것을 독재라고 부르지요.

독재를 하는 사람이나 집단은 모든 권력을 가졌기 때문에 자신에게 반대하는 사람을 폭력적으로 억누르거나, 사람들이 다른 의견을 내지 못하도록 감시하기도 해요.

또 계속해서 권력을 차지하고 지배를 이어 나가기 위해 선거를 없애거나 자신에게 유리하게 법을 바꾸는 등으로 민주주의를 파괴하지요.

역사적으로 유명한 독재자로는 제2차 세계 대전을 일으킨 독일의 아돌프 히틀러, 한국 전쟁을 일으킨 북한의 김일성, 이란-이라크 전쟁과 걸프 전쟁을 일으킨 이라크의 사담 후세인 등이 있답니다.

독재자의 최후는 비참한 경우가 많아요. 독재에 반대하는 국민들에게 쫓겨나 다른 나라로 도망치거나, 반대파에게 암살당하기도 해요.

또 국민들이 투쟁을 통해 민주주의를 되찾고 독재자를 법 앞에 세우기도 한답니다. 아이러니하게도 독재자는 자신이 억압했던 민주주의 덕분에 기본권을 보장받으며 법에 따라 죗값을 치를 수 있는 것이지요.

삼권 분립

권력을 나누어 가져요

삼권 분립 : 국가의 권력을 입법·사법·행정의 삼권으로 나누어 균형을 이루도록 하는 제도

독재 정치가 이루어지는 나라에서는 힘을 가진 한 사람이나 집단의 뜻에 따라 모든 것이 정해지기 때문에 국민의 기본권이 지켜지지 않아요.

독재를 예방하고 민주적으로 국가를 통치하기 위해서는 국가의 권력을 나누어야 해요. 우리나라는 입법부, 행정부, 사법부로 국가 권력을 나누었지요.

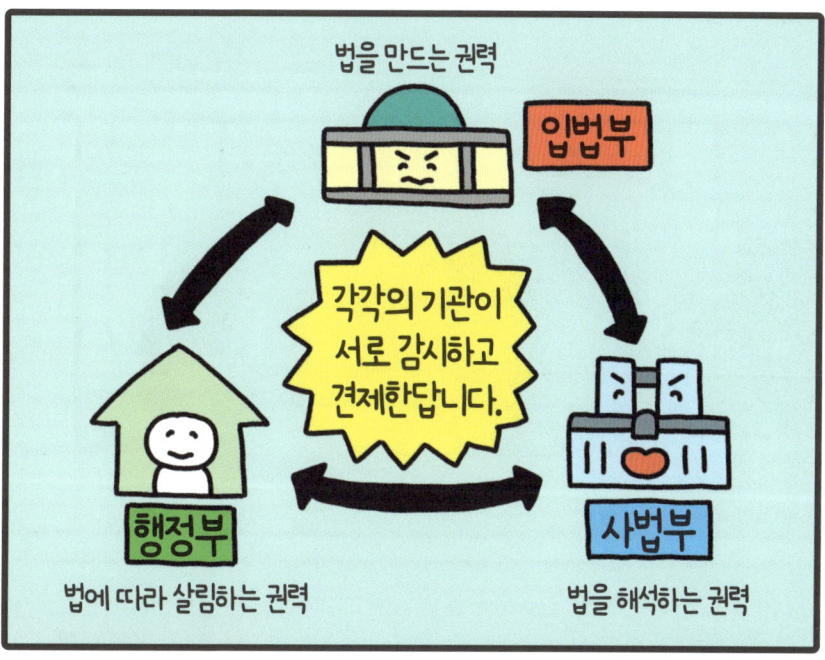

각각의 기관이 서로 감시하고 견제한답니다.

법을 만드는 권력 - 입법부
법에 따라 살림하는 권력 - 행정부
법을 해석하는 권력 - 사법부

입법부는 행정부를 조사하고 대통령을 탄핵할 권한, 사법부의 장을 임명할 때 동의하지 않을 권한을 가져요.

입법부
- 행정부 조사
- 탄핵
- 대법원장 동의

행정부는 국회가 만든 법을 거부할 권한, 사법부의 장을 임명하거나 자리에서 내려오게 하는 권한이 있지요.

- 법률안 거부
- 대법관 임명, 사면

행정부

사법부는 입법부가 만든 법이 헌법에 위반되지 않는지 살피고, 행정부가 정한 규칙이나 명령에 대해서도 심사할 권한이 있어요.

사법부
- 위헌 법률 심사 요청
- 명령, 규칙 심사

이렇게 권력을 나누는 것을 '권력 분립'이라고 하며, 우리나라는 특히 세 곳으로 권력을 나누있기 때문에 삼권 분립이라고도 해요. 삼권 분립이 잘 이루어져야 권력이 잘못 사용되는 일 없이 국민의 자유와 권리를 보장할 수 있겠지요?

다수결의 원칙

민주적으로 결정하는 방법은?

다수결의 원칙: 집단에서 의사 결정을 할 때, 많은 사람의 의견에 따르는 방법

어떤 일을 민주적으로 결정할 때, 다수결의 원칙이 많이 쓰여요.
다수결의 원칙은 더 많은 사람이 찬성한 의견을 따르는 방법이지요.

다수결은 많은 사람이 만족하고, 의사를 빠르게 결정할 수 있다는 장점이 있어요.

다수결은 작게는 학급 반장 선거부터 크게는 국회에서 법을 만드는 과정에 이르기까지 다양한 곳에서 활용하지요. 하지만 무엇이든 다수결로 결정할 수 있는 것은 아니며, 다수결로 내린 결정이 항상 옳다고 할 수도 없어요.

예를 들어 진로를 정하거나, 어떤 물건을 살지 고민하는 것처럼 개인의 가치를 선택하는 문제에서는 다수결을 사용할 수 없지요.

가족들이 다 의사가 되라고 하지만 나는 소설가가 될 거야!

그리고 생명이나 인권에 관련된 일은 다수결에 따라 결정할 수 없어요. 다수의 의견만 따르다 보면 소수의 옳은 의견이 무시당하는 경우가 종종 있기 때문이에요.

생명 인권

다수결로 결정하기 전에 많은 대화를 통해 서로 양보하고 타협하는 과정이 반드시 필요해요. 물론 서로의 의견을 존중하면서요. 그래야만 소수가 희생당하거나 나중에 불만이 생기는 일을 막을 수 있답니다.

여러 가지 다수결 방법

다수결의 원칙을 활용해 의사 결정을 하는 방법에는 여러 가지가 있어요. 가장 잘 알려진 것은 한 번 투표를 해서 가장 많은 표를 받은 쪽으로 의사 결정을 하는 방법이지요. 또 각 투표 후보에 대해 1위, 2위, 3위를 정해 점수를 준 다음, 개표해 점수를 모두 합쳤을 때 가장 많은 점수를 얻은 쪽으로 의사 결정을 하는 방법도 있어요. 마지막으로, 투표를 여러 번 해서 가장 적은 표를 받은 후보를 하나씩 제외하면서 최종 결정이 날 때까지 투표하는 방법이 있답니다.

여론

영향력이 큰 목소리

여론: 사회에서 어떤 문제에 대해 시민 다수가 가지는 공통된 의견이나 태도

나라의 중요한 일이나 선거를 앞두고 있을 때면 여러 기관에서 여론 조사를 실시해요. 여론은 정치인의 결정에 중요한 근거가 되지요.

사회에서 다수의 사람이 공통으로 가진 의견이 여론이에요. 대부분의 국민이 어떤 생각을 똑같이 하고 있다면, 그것이 바로 여론이 되는 것이지요.

한두 사람의 주장은 사람들의 주목을 끌지 못하고 금방 사라지기 쉽지만, 수많은 사람이 같은 주장을 내세워 여론을 만들면 그때부터는 무시 못 할 큰 힘이 된답니다.

다른 나라와의 갈등이나 문제를 해결할 때, 새로운 법이나 정책을 만들 때 국민의 여론이 큰 영향을 미치곤 해요.

여론을 만드는 언론

언론이란 말이나 글로 자신의 생각을 발표하는 것을 뜻해요. 하지만 텔레비전이나 인터넷, 신문 등을 통해 어떤 사실을 밝혀 알리는 활동 또는 그런 활동을 하는 기관을 의미하는 표현으로 많이 쓰이지요. 언론은 국민에게 사회 문제나 정보를 알려요. 또 그 문제에 대한 국민의 뜻을 정부나 국회 의원들에게 전달하지요. 특히 민주주의 국가에서 언론은 중요한 역할을 맡아요. 그래서 언론은 헌법에 따라 자유를 보장받아요. 그와 동시에 언론은 공정하고 정확한 보도를 해야 할 의무도 있답니다.

국제기구

여러 나라가 함께 해결해요

국제기구 : 어떤 국제적인 목적이나 활동을 위해서 두 나라 이상의 회원국으로 구성된 조직체

대한민국의 살림은 대한민국 정부가 책임지고, 미국의 살림은 미국 정부가 책임지지요.

그런데 오늘날 세계는 대부분의 나라가 긴밀히 연결돼 있어요. 교통과 통신이 발달해 사람들의 교류가 많고, 무역 활동을 통해 경제적으로 의지하기도 하지요.

그래서 어느 한 나라에서 전쟁이 벌어지거나 전염병이 발생하면, 그곳의 문제로 끝나지 않고 그 나라와 연결된 다른 나라들에도 아주 큰 영향을 주곤 해요.

한 지역이나 국가의 문제가 아니라, 전 세계의 문제인 거지요.

그러면 전 세계의 문제는 어디서 관리해야 할까요?

주권을 가진 국가 두 곳 이상이 모여 이룬 조직을 국제기구라고 해요. 한 국가의 힘으로는 해결하기 어려운 문제를 여러 국가가 함께 고민하고 해결하기 위해 국제기구를 만든 것이지요.

세계 평화 유지

지구 온난화 해결

갈수록 세계적인 문제가 많아지는 만큼, 국제기구의 수도 늘고 그 역할도 커지고 있답니다.

 어떤 국제기구들이 있을까?

세계적으로 가장 널리 알려진 국제기구는 '국제 연합(UN)'이에요. 전쟁을 막고 평화를 유지하기 위해 만들어진 가장 큰 국제기구지요. 국제 연합에는 우리나라를 포함해 193개국이 가입해 있답니다. 국제 연합을 이끄는 대표를 유엔 사무총장이라고 하는데, 2007년부터 2016년까지 우리나라의 반기문 전 유엔 사무총장이 국제 연합을 이끌었어요. 국제 연합 산하에는 가난한 국가의 아동을 위해 활동하는 '유니세프(UNICEF)', 전 세계인들의 건강을 지키고 질병을 예방하기 위해 만들어진 '세계 보건 기구(WHO)', 원자력이 평화적으로 이용되도록 연구하고 협력하기 위해 만들어진 '국제 원자력 기구(IAEA)' 등이 있답니다.

시민 단체
시민들이 적극적으로 나서요

시민 단체: 사회 전체의 이익을 위해 시민들이 자발적으로 모임을 갖고 활동하는 단체

사회 문제를 해결하고 더 좋은 사회를 만들기 위해 일하는 사람은 정치인과 공무원뿐만이 아니에요.

국민이라면 누구나 직접 사회 문제를 해결할 방법을 찾고, 정치에 참여하며 의견을 표현할 수 있어요.

사회 전체의 유익을 위해 시민이 중심이 되어 자발적으로 모임을 만들기도 하는데, 이런 조직을 시민 단체라고 해요.

시민 단체는 국가의 권력이 잘못 쓰이지는 않는지 견제하고, 여론을 만들어 정치에 영향을 주는 등 여러 분야에서 다양한 활동을 해요.

시민 단체가 하는 일

환경을 지키기 위해 꾸준히 활동해요.

정치인이 일을 잘하는지 늘 관심 갖고 지켜봐요.

기업이 공정하게 경제 활동을 하는지 감시해요.

국가의 손길이 미처 닿지 못한 이웃을 도와줘요.

민주주의에서 국민의 참여는 아주 중요한 요소이기에 시민 단체의 역할이 무척 커요.

시민 단체를 운영하는 데 필요한 돈은 회원들이 모으거나 다른 시민들에게 모금하여 마련하지요.

갈등

서로 얽히고 꼬여서 문제네!

갈등: 개인이나 집단 사이에 생각이나 입장이 달라서 서로 대립하거나 다투는 상태

이러한 여러 갈등을 해결하는 과정이 바로 정치라고 말할 수 있어요. 갈등을 해결하기 위해서는 법을 지키며 각자 다른 의견을 토론을 통해 이해해 나가는 민주적인 과정이 필요하지요.

 ## 영조의 갈등 해결책

조선의 제21대 왕 영조는 신하들이 편을 나눠 싸워서 정치가 혼란해지자 고민이 컸어요. 그래서 어느 편에도 치우치지 않고 골고루 인재를 뽑아 쓰는 '탕평책'을 펼쳤지요. 갈등을 해결하고 마음을 모으기 위해 영조는 신하들에게 여러 재료가 어우러져 맛을 내는 '탕평채'라는 음식을 소개했답니다.

난민

자기 나라로 돌아갈 수 없는 사람들

작은 보트에 왜 저렇게 많은 사람들이 타고 있는 거예요? 무척 위험해 보이는데….

난민들이야. 전쟁, 재해, 독재 등 여러 가지 이유로 자기 나라에서는 도저히 살 수 없어서 저렇게 목숨을 걸고 탈출하는 거지.

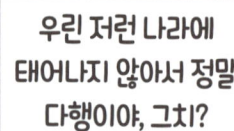

우린 저런 나라에 태어나지 않아서 정말 다행이야, 그치?

모르는 소리! 과거 우리나라, 우리 조상들도 겪었던 일이란다.

일제 강점기와 한국 전쟁에 관해서는 너도 잘 알잖니.

아, 일제의 탄압을 피해 중국에 갔던 독립운동가들, 공산주의를 피해 남쪽으로 피난 온 사람들도 난민이었다고 할 수 있겠네요!

난민 : 인종·종교·정치적 견해 등을 이유로 박해받거나, 재난을 당해 자신의 나라로 돌아갈 수 없는 사람들

난민이란, 인권 침해나 정치적 탄압 등 어쩔 수 없는 이유들로 자신이 살던 나라를 떠난 사람들을 말해요. 더는 자기 나라에서 살 수 없어 다른 나라로 피신한 것이지요.

세계 인권 선언 제14조에는 '모든 사람은 박해를 피하여 다른 나라에서 비호를 구하거나 비호를 받을 권리를 가진다'라고 나와 있어요.

하지만 난민의 수가 전 세계적으로 크게 늘어나자, 난민을 받아들여야 하는지 거부해야 하는지에 대한 의견이 엇갈리고 있어요.

난민 환영!

난민 수용 거부!

난민을 받아들여야 한다는 쪽은 인간으로서 당연히 가져야 할 인권을 지켜 주어야 한다고 주장해요. 나아가 난민 수용이 경제에도 도움이 되고, 문화적 다양성도 높아진다고 생각하지요.

난민 수용을 반대하는 사람들은 우리와 전혀 다른 문화와 종교를 가진 난민 때문에 새로운 사회 문제나 갈등이 생겨날 수도 있다고 말해요. 또, 난민을 지원하는 데 국가적으로 많은 돈을 써야 하기 때문에 국민에게 부담이 된다고 주장하지요. 여러분의 생각은 어떤가요?

 **옥쌤 사회상식** 이렇게 많은 사람이 자기 나라를 떠난다고?

유엔 난민 기구의 보고서에 따르면, 2022년 전쟁과 폭력을 피해 고향을 떠난 사람은 1억 명이 넘고, 다른 나라로 피신한 사람은 대략 3천 5백만 명이라고 해요. 특히 2011년부터 시리아에서 난민이 많이 발생하여 560만 명이 넘는 사람들이 국경을 넘었다고 해요. 육로가 막히자 사람들은 작은 보트에 의지해 바다를 건너려고 했어요. 그러던 2015년, 튀르키예 해변에서 세 살에 불과한 시리아 난민 아기의 시신이 발견되는 일이 있었어요. 이 사건을 계기로 난민에 대한 국제적인 관심이 높아졌답니다.

4·19 혁명

시민의 힘으로 이루어 낸 권력 교체!

4·19 혁명: 1960년 4월 19일, 이승만 자유당 정부의 독재와 부정 선거에 맞서 학생들이 중심이 되어 일으킨 민주주의 혁명

대한민국의 제1대 대통령이었던 이승만은 헌법을 바꾸어 세 번이나 대통령을 했어요.

"이렇게 이렇게 고치면…."

이승만 정부는 권력을 또 차지하려고, 1960년 3월 15일에 치러진 선거에서 비밀 투표를 하지 못하게 협박하고 득표수를 조작하는 '3·15 부정 선거'를 저질렀어요.

국민들은 3·15 부정 선거가 잘못된 일이라고 항의하는 시위를 벌였고, 여기에 참여했던 고등학생 김주열 군은 경찰이 쏜 최루탄에 맞아 목숨을 잃고 말았답니다.

이에 화가 난 시민들은 4월 19일부터 거리로 쏟아져 나와 이승만이 당장 대통령 자리에서 물러날 것을 요구했어요.

군대까지 동원되어 시위를 막으려고 했지만 시민들의 목소리는 점점 더 커졌고, 결국 4월 26일 이승만은 대통령 자리에서 내려오게 되지요.

이 사건을 4·19 혁명이라고 말해요. 4·19 혁명은 우리나라에 민주주의가 자리 잡게 한 중요한 사건이에요.

 **옥쌤 사회상식**

대통령에 여러 번 오르기 위한 꼼수

1954년 당시 헌법에 따르면 대통령은 두 번까지 할 수 있었어요. 이승만은 이미 두 번의 대통령을 지냈기 때문에 더 이상 대통령이 될 수 없었지요. 대통령을 더 하고 싶었던 이승만은 헌법을 고치기로 마음먹지요. 헌법을 고치기 위해서는 국회 의원 3분의 2 이상이 찬성해야 했어요. 당시 국회 의원의 수가 203명이었으니 136명 이상이 찬성해야 했지요. 하지만 투표 결과는 찬성 135명으로, 1명이 부족하여 헌법을 고칠 수 없었어요. 그런데 대통령이 속한 당인 자유당은 반올림과 같은 말인 '사사오입'을 내세워 203명의 3분의 2는 135.333… 이니, 0.333…은 빼고 135명만 찬성하면 된다고 우기기 시작했어요. 결국 헌법을 바꾸자는 안건은 국회를 통과했고, 이승만은 1956년에 또다시 대통령이 되었지요.

5·18 민주화 운동

민주주의를 위해 군대에 맞선 시민들

5·18 민주화 운동: 1980년 5월 18일에서 27일까지 광주에서 시민들이 전두환의 군사 독재를 반대하고 계엄령 철폐 등을 요구하여 벌인 민주화 운동

1961년 군대를 일으켜 권력을 차지한 박정희는 1963년에 제5대 대통령이 된 이후 헌법을 바꾸어 가며 무려 5번(5대~9대)이나 대통령을 했답니다.

1979년, 부하가 쏜 총에 맞아 박정희가 사망하자 국민들은 민주주의가 다시 찾아올 것이라 기대했어요. 하지만 군인이었던 전두환이 다시 무력으로 정권을 차지했지요.

참다못한 국민들은 또다시 거리로 뛰쳐나와 민주화를 요구하는 시위를 벌였어요. 이에 전두환은 군대가 나라의 행정권과 사법권을 맡아 다스리는 '계엄'을 선포하고 국민들을 폭력적으로 제압했어요.

1980년 5월 18일, 광주에서 벌어진 대규모 시위에서 계엄군은 총을 쏘며 시민들을 진압했답니다. 민주주의를 요구했다는 이유만으로 많은 사람들이 죽거나 다치고, 실종되었어요.

시민군까지 조직해 저항을 이어 나갔지만, 무장한 군대의 상대가 되지는 못했어요. 결국 많은 시민이 목숨을 잃고서야 5·18 민주화 운동은 끝이 나게 되었답니다.

5·18 민주화 운동은 민주주의를 향한 우리 국민의 간절한 염원을 보여 준 큰 사건이었어요. 우리나라는 물론 다른 나라의 민주화 운동에도 많은 영향을 주었답니다.

 **옥쌤 사회 상식** ## 광주에서 벌어진 일을 세계에 알린 외국인 기자

광주에서 계엄군의 폭력으로 많은 시민들이 죽거나 다치는데도 다른 지역의 사람들은 그 사실을 전혀 알지 못했다고 해요. 정부에서 군대를 동원해 광주를 철저히 봉쇄하고, 국민들에게 거짓말을 했기 때문이에요. 그런데 독일 기자였던 위르겐 힌츠페터는 목숨을 걸고 광주로 들어가 그곳에서 일어나는 일들을 촬영했답니다. 그리고 독일 방송을 통해 광주에서 무슨 일이 일어나고 있는지를 세상에 알렸지요. 그 덕분에 광주에서의 진실이 비로소 알려지게 되었답니다.

6월 민주 항쟁

시민의 힘으로 얻어 낸, 대통령을 직접 뽑을 권리!

6월 민주 항쟁 : 1987년 6월, 대통령 직선제와 민주화를 요구하며 전국적으로 일어났던 민주화 운동

전두환은 대통령이 된 이후 민주주의를 향한 국민의 목소리를 폭력과 힘으로 억눌렀어요. 직전까지 독재를 펼친 박정희가 헌법을 바꾸어 놓아서 국민의 손으로 대통령을 직접 뽑지도 못했지요.

그러던 1987년 1월, 대학생 박종철 군이 경찰 조사에서 고문을 받아 사망하는 일이 생겼어요. 정부에서는 이 사실을 숨기고 감추기에 급급했지요.

그리고 같은 해에 또 다른 대학생 이한열 군이 경찰이 쏜 최루탄에 맞아 목숨을 잃는 사건까지 벌어졌어요.

화가 난 국민들이 거리로 쏟아져 나왔고, 대통령을 국민의 손으로 직접 뽑을 수 있게 해 달라고 목소리를 높였어요. 이 일을 6월 민주 항쟁이라고 불러요.

당시 여당의 대표였던 노태우는 이 요구를 받아들여 국민이 직접 대통령을 뽑을 수 있도록 헌법을 바꾸는 데 동의했답니다. 이것을 '6·29 민주화 선언' 이라고 해요.

'호헌 철폐'가 무슨 뜻이지?

6월 민주 항쟁에서 거리로 쏟아져 나온 사람들은 '호헌 철폐, 독재 타도!'라는 구호를 외쳤어요. '호헌'은 헌법을 보호한다는 뜻이고, '철폐'는 이전의 규칙을 없애자는 뜻이에요. 전두환 정부는 대통령을 국민이 직접 뽑지 못하는 그 당시의 헌법을 보호하겠다고 '호헌'을 내세웠어요. 하지만 국민들은 '호헌 철폐'를 외치며 헌법을 바꾸라고 요구했답니다. 결국 호헌 철폐는 대통령을 국민의 손으로 직접 뽑게 해 달라는 간절한 뜻이 담긴 구호였던 것이지요.

교과 연계

3학년 도덕 06. 생명을 존중하는 우리

5학년 도덕 01. 바르고 떳떳하게

5학년 1학기 사회 02. 인권 존중과 정의로운 사회

6학년 2학기 사회 02. 통일 한국의 미래와 지구촌의 평화

6학년 도덕 04. 공정한 생활

6장

우리 생활 속 법

인권 | 헌법 | 개헌 | 헌법 재판소 | 법의 위계성 | 무죄 추정의 원칙 | 착한 사마리아인의 법 | 미란다 원칙 | 원 스트라이크 아웃제 | 벌금 | 사형 | 안락사

학교 규칙을 매일매일 가슴에 새기며 다니는 학생은 없을 거예요. 하지만 규칙에 따라 학생이 할 수 있는 행동과 하면 안 되는 행동이 정해지기 때문에 학교 규칙은 학생들의 생활에 큰 영향을 미치지요. 법도 마찬가지예요. 사람들은 모든 법을 다 꿰고 다니지는 않지만, 법에 따라 생활해요. 법은 우리 사회 곳곳에 스며 있어 언제든 뉴스나 일상에서 마주칠 수 있지요. 생각보다 나와 가까운 법에 대해 살펴보아요.

인권

인간으로서 당연히 지녀야 할 권리

인권: 인간으로서 당연히 지녀야 할 권리

인권은 인간으로서 당연히 가지는 기본적인 권리를 의미해요. 나이나 성별, 사는 곳과 경제적 지위 등과 상관없이 모든 사람이 똑같이 누려야 할 권리지요.

제2차 세계 대전이 끝나고 얼마 뒤인 1948년, 국제 연합(UN)에서 '세계 인권 선언'을 선포했어요. 인류가 평화롭게 살기 위한 방법을 고민한 결과였지요. 역사상 가장 크고 끔찍했던 전쟁을 겪으며 얻은 교훈이기도 했답니다.

세계 인권 선언에는 인권을 지키기 위한 구체적인 내용이 30개 항목으로 정리되어 있어요.

신체의 자유와 안전할 권리

법 앞에서 평등하게 보호받을 권리

국적을 가질 권리

의견을 자유롭게 표현할 권리

생계를 보장받을 권리

교육받을 권리 등….

세계 인권 선언은 우리나라를 비롯한 많은 국가의 헌법에 영향을 미쳤답니다.

대한민국 헌법 제10조
국가는 개인이 가지는 불가침의 기본적 인권을 확인하고 이를 보장할 의무를 가진다.

세계 인권 선언이 발표된 12월 10일은 '세계 인권의 날'로 지정되어, 전 세계에서 기념하고 있어요.

세계인 모두가 인권의 중요성을 깨닫고 실천해야겠지요?

옥쌤 사회상식 — 어린이를 위한 권리도 있다고?

1989년, 유엔 아동 권리 협약이 만들어졌어요. 이 협약에는 아동 보호에 대한 내용뿐 아니라, 아동이 권리의 주체로서 생존권, 보호권, 발달권, 참여권을 누려야 한다는 내용이 담겨 있답니다. 여기서 아동은 만 18세 미만인 모든 사람을 말해요. 유엔 아동 권리 협약이 만들어진 11월 20일을 '세계 어린이의 날'로 기념하고 있어요.

헌법
국가 최고의 법

헌법: 법 중에서 가장 기본이 되는 우리나라 최고의 법

오늘날 우리 사회에서는 거의 모든 일에 법이 필요하지요. 그래서 법의 종류는 무척 다양하고 분량도 어마어마하게 많아요.

이런 법 중에 가장 기본이 되는 법이자 으뜸인 법이 있어요. 바로 헌법이랍니다.

헌법은 국가를 운영하는 데 가장 중요하고 기초가 되는 내용들을 담아 둔 법이에요. 헌법은 '법 중의 법', '법의 뿌리'라고 할 수 있어요.

의회에서 만드는 법률과 정부에서 만드는 시행령 등 여러 법과 규칙들은 모두 이 헌법의 뜻을 어기지 않아야 해요. 만약 헌법에 어긋난다면 법으로서의 역할을 할 수 없게 돼요.

헌법은 전문-본문-부칙으로 이루어져 있어요. 헌법의 가장 앞부분에 있는 전문에는 우리나라 헌법을 만든 목적과 과정 등의 기본 원리가 담겨 있지요.

본문은 10개의 장과 130개의 조항으로 이루어져 있으며 국민의 권리와 의무, 국가의 역할 등을 자세히 나타내요.

마지막 부칙에는 헌법을 시행한 날, 최초의 대통령과 국회 의원의 임기 등에 대한 내용이 담겨 있어요.

 ## 다른 나라 헌법은 어떨까?

여러 국가들의 헌법 첫머리를 보면 그 나라에서 가장 중요하게 여기는 가치가 무엇인지 알 수 있답니다. 우리나라 헌법 제1조 1항은 '대한민국은 민주 공화국이다'예요. 이것을 보면 우리나라는 민주주의의 가치를 가장 중요하게 여긴다는 걸 알 수 있어요. 참고로 독일 헌법 제1조는 인간의 존엄, 미국은 연방제, 프랑스는 평등이 강조되어 있지요. 일본은 천황을 언급하고 있고요. 특히 일본 헌법 제9조에는 일본이 다시는 다른 나라와 전쟁을 하지 않고, 군대를 갖지 않겠다는 내용이 있어요. 일본이 제2차 세계 대전을 일으킨 나라 중 하나이기 때문에 만들어진 내용이지요. 헌법에는 그 나라의 역사까지 녹아들어 있는 것이랍니다.

개헌

헌법을 바꿔요!

개헌: 국민 투표를 통해 헌법을 고치는 것

우리나라 헌법은 1919년에 대한민국 임시 정부가 만든 임시 헌법을 뿌리로 하여 1948년 7월 17일에 만들어졌어요.

대한민국 헌법이 만들어진 날은 우리나라가 하나의 국가로서 기틀을 잡은 중요한 날이에요. 그래서 매년 7월 17일을 제헌절로 기념한답니다.

많은 고민과 논의 끝에 만들어진 헌법이지만 시간이 흘러 시대가 변하면서 고쳐야 하는 내용이 생기기도 해요.

법을 고치고 만드는 일은 국회 의원들이 하지만, 국회 의원도 헌법을 바꿀 수는 없어요.

헌법은 우리나라의 기본이 되는 중요한 법이기 때문에 국민이 동의해야 바꿀 수 있습니다.

헌법을 바꾸기 위해서는 반드시 국민들이 직접 투표하는 '국민 투표'를 해야 해요. 과반수의 국민이 투표에 참여하고, 과반수가 찬성하면 헌법을 바꿀 수 있어요.

이렇게 국민 투표를 통해 헌법을 바꾸는 일을 개헌이라고 해요.

 우리나라 헌법은 몇 번째 헌법?

우리나라의 헌법은 제10호 헌법이에요. '제10호'라는 말은, 지금까지 모두 아홉 차례에 걸쳐 헌법이 바뀌었다는 의미지요. 현재 헌법은 1987년 10월 29일에 발표되어 1988년 2월 25일부터 시행하고 있는 것으로, 우리나라 역사상 가장 오래된 헌법이랍니다. 특히 6월 민주 항쟁에서 국민의 목소리를 담아 독재 정권을 물러나게 하고, 민주주의의 시대를 열었다는 점에서 의미가 크지요.

헌법 재판소
최고의 헌법 수호 기관

헌법 재판소 : 어떤 일이 헌법에 맞는 것인가를 심판하는 특별 재판소

헌법에 나와 있는 국민의 권리는 누구도 침해할 수 없어요. 그런데 만약, 국가가 국민의 권리를 침해하는 일이 생긴다면 어떻게 해야 할까요?

이런 때는 헌법 재판소에 '헌법 소원 심판'을 요청해야 해요. 이것 또한 국민의 권리거든요.

헌법 소원은 국가 기관이 한 일이나, 하지 않은 일 때문에 국민의 권리와 자유가 지켜지지 않고 있으니 도와 달라고 하는 것이에요.

특히 헌법 재판소는 국회에서 만든 법률이 '국민의 권리를 지켜야 한다'는 헌법의 내용을 어겼는지 판단해요.

특정한 법이 헌법에 위배되면 '위헌', 헌법을 어기지 않았다면 '합헌'이라고 판결을 내려요.

헌법 재판소는 그 밖에도 국가 기관 간, 국가 기관과 지방 자치 단체 간, 지방 자치 단체들 사이에 다툼이 발생했을 때도 나서서 해결한답니다.

대통령이나 장관 등 공무원이 헌법과 법률을 위반했을 때, 국회에서 파면을 요구하면 이를 심판하는 일도 헌법 재판소에서 하지요.

헌법 재판소에는 대통령이 임명한 9명의 재판관이 있어요. 이 중 3명은 국회에서, 3명은 사법부의 대표인 대법원장이 지명한 사람을 임명하지요.

헌법 재판소의 재판관을 뽑는 것에서도 권력 분립의 모습을 확인할 수 있군요!

법의 위계성
모두 같은 법이 아니에요

법의 위계성 : 우선적으로 지켜야 하는 법의 순서가 있는 것

여러 법에도 우선적으로 지켜야 하는 순서가 있어요. 이것을 법의 위계성이라고 해요. 가장 강력하고 지위가 높은 법은 다른 법의 기초가 되는 '헌법'이에요.

헌법 아래에는 국회에서 만드는 '법률'이 있어요. 이 법률에 따라 정부에서는 대통령 시행령과 같은 '명령'을 만들어요.

국회에서 만든 법률과 정부의 명령 아래에는 '조례'라는 것이 있어요. 조례는 지방 의회에서 만들어요. 지방 의회에서 만든 것이기 때문에 조례는 해당 지역에서만 적용된답니다.

여기서 끝이 아니에요. 조례에 따라 지방 자치 단체의 장이 '규칙'을 만들지요.

거꾸로 정리해 볼까요? 규칙은 조례를 어기는 내용으로 만들 수 없고, 조례는 명령을 어기는 내용으로 만들 수 없어요. 명령은 법률을 어기는 내용으로 만들 수 없으며, 법률은 헌법을 어기는 내용으로 만들 수 없어요.

 ## 특징에 따라 법을 구분하면?

법은 크게 공법, 사법, 사회법으로 나뉘어요. 먼저 공법은 개인과 국가 간의 일에 관한 법이에요. 헌법, 형법, 행정법 등이 공법에 속하지요. 사법은 개인과 개인 간의 일에 관한 법이에요. 가족 관계나 재산 등과 관련된 일을 정해 놓은 민법, 기업의 활동과 관련된 일을 정하는 상법 등이 사법에 속해요. 마지막으로 사회법은 여러 가지 사회 문제를 해결하기 위해 만든 법이에요. 노동이나 생계 등 개인 생활에 국가가 나서 권리나 의무를 정한 법으로, 노동법, 사회 복지법, 경제법 등이 있답니다.

무죄 추정의 원칙

최종 판결이 내려지기 전까지는 무죄!

무죄 추정의 원칙 : 법원에서 유죄 판결이 확정될 때까지는 형사 피고인을 무죄로 본다는 원칙

무죄 추정의 원칙이라는 것이 있어요. 법원에서 유죄라는 판결이 내려지기 전까지는 피고인을 무죄로 생각한다는 원칙이에요. 재판을 받는 중이더라도 말이에요.

우리나라 헌법: 형사 피고인은 유죄의 판결이 확정될 때까지는 무죄로 여긴다.

무죄 추정의 원칙은 18세기 말에 일어난 프랑스 혁명의 결과로 만들어진 '인간과 시민의 권리 선언'에서 비롯한 내용이에요.

죄가 없는데 억울하게 법정에 서게 된 사람이 기본권을 침해당하거나, 재판을 받는다는 이유만으로 손가락질을 받는 일이 많기 때문이지요.

그래도 뭔가 잘못을 했으니 재판을 받는 게 아닐까요?

맞아, 아니 땐 굴뚝에 연기 날까?

과연 그럴까요?

2022년 한 해 동안 열린 재판에서 무죄라고 판결을 받은 사람은 약 7,000명이나 된다고 해요.

무죄

옥쌤 사회상식 — 무죄 추정의 원칙이 없다면?

사극에서 간혹 벼슬아치가 "네 죄를 네가 알렸다!"라고 호통을 치며 잡혀 온 사람을 고문하는 장면이 나와요. 죄 없는 사람이라도 모진 고문 끝에 자백을 하는 경우를 보기도 하지요. 이처럼 무죄 추정의 원칙이 지켜지지 않던 과거에는 강압적으로 조사하거나 고문해 억울하게 범죄자가 되는 사람도 있었답니다. 또한 지금처럼 과학 수사가 발달하지 않던 때에는 증거를 정확하게 분석하지 못해 범인을 잘못 지목하기도 했었지요. 실제로 살인죄로 20년 동안 감옥살이를 했던 사람이 DNA 분석과 진짜 범인의 자백으로 무죄라는 사실이 밝혀지기도 했지요. 이런 억울한 일이 없도록 무죄 추정의 원칙은 철저히 지켜져야 한답니다.

착한 사마리아인의 법
위험에 처한 사람을 도와야 한다

착한 사마리아인의 법 : 자기에게 특별히 불리한 일이 발생하지 않는데도 위험에 처한 사람을 구해 주지 않은 행위를 처벌하는 법

공공장소에서 갑자기 쓰러지는 사람을 목격했다면 어떻게 해야 할까요?

당연히 주변에 있는 사람들이 도움을 줘야죠!

구급차를 부르고, 응급조치를 취해야 해요.

그런데 막상 이런 일이 닥치면 도와주기를 망설이는 사람들도 있어요. 혹시나 결과가 잘못되어 자신에게 책임이 생길까 봐 걱정되기 때문이지요.

괜히 참견하지 말자.

가던 길이나 가야지.

이런 일이 생기지 않도록 착한 사마리아인의 법이 생겼어요. 이 법은 강도를 만나 길에서 죽어 가는 사람을 착한 사마리아 사람이 구해 주었다는 성경의 이야기에서 비롯되었어요.

우리나라는 '응급 의료에 관한 법률'에 착한 사마리아인의 법의 취지를 담았답니다.

응급 처치 중 실수로 손해를 끼쳤을 경우 법적인 책임을 줄이거나 없앤다.

프랑스, 독일, 스위스, 네덜란드 등의 국가는 착한 사마리아인의 법을 강하게 적용하고 있어요. 특히 프랑스 법에는 '자기가 위험에 빠지지 않는데도, 위험에 처해 있는 사람을 구조해 주지 않은 자는 5년 이하의 징역, 혹은 벌금에 처한다'라고 나와 있어요.

위기에 처한 타인을 돕지 않으면 처벌하겠소!

남을 돕는 건 개개인의 도덕적인 판단인데 이걸 법으로 정하는 게 말이 되나요?

모두 함께 사는 세상이니까요!

미란다 원칙

체포하기 전에 해야 할 것!

미란다 원칙: 검찰이나 경찰이 피의자를 체포할 때 반드시 피의자의 권리를 피의자에게 알려야 한다는 원칙

미란다 원칙이라는 것이 있어요. 검찰이나 경찰이 피의자를 체포할 때, 반드시 피의자의 권리를 피의자에게 알려야 한다는 것이지요.

1963년에 미국에서 미란다라는 사람이 성범죄 혐의로 체포되었어요. 경찰의 신문으로 미란다는 자백을 했고, 1심과 2심에서 모두 유죄 판결을 받았지요.

하지만 미란다는 대법원에 다시 항소했어요.

저는 제 자신에게 불리한 말은 하지 않을 수 있는 권리인 '묵비권'과 변호사의 도움을 받을 수 있는 권리에 대해 전혀 설명을 듣지 못하고 재판에 참여했어요. 따라서 재판에 쓰인 증거는 모두 효력이 없습니다!

미란다의 반박으로 1966년에 미국 대법원은 무죄 판결을 내렸지요.

범죄자로 의심되는 사람에게도 권리는 있고, 이 권리는 지켜져야 합니다.

만세!

물론 이후에 다른 결정적인 증거가 발견되어 미란다는 결국 유죄가 인정됐지만요.

절차를 지켜서 다시 범죄를 입증했지요!

좋다 말았네.

이 일을 계기로 검찰과 경찰이 피의자의 권리를 미리 알리지 않았다면 그 사람을 체포할 수 없고, 가두어 둘 수도 없다는 미란다 원칙이 생겼어요. 미란다 원칙도 인권을 보호하기 위한 장치지요.

원 스트라이크 아웃제
한 번이면 끝이에요!

원 스트라이크 아웃제 : 공무원이 딱 한 번만 법을 어겨도 직위를 바로 해제하거나 퇴출시키는 제도

많은 사람들이 좋아하는 스포츠 경기인 야구에는 '스트라이크'와 '아웃'이라는 규칙이 있답니다.

타자가 공을 잘못 치는 스트라이크가 세 번 쌓이면 타자는 아웃이 되지요. 그래서 스리 스트라이크 아웃이라고 해요.

그런데 우리나라에는 '원 스트라이크 아웃'이라는 제도가 있어요. 단 한 번의 스트라이크로 아웃이 된다는 의미지요. 즉, 딱 한 번만 법을 어겨도 바로 처벌을 한다는 뜻이랍니다.

단 한 번이라도 대가를 받고 특정 사람에게 유리하도록 일을 처리한 공무원은 곧바로 파면하는 것.

버스 기사나 택시 기사가 음주 운전을 단 한 번만 해도 기사 자격을 박탈하는 것이 원 스트라이크 아웃제에 해당하지요.

이 제도는 2009년에 서울시가 처음으로 도입했고, 현재는 여러 다른 지역들과 공공 기관에서도 시행하고 있답니다. 부정부패 없이 국가를 운영하고 국민의 안전을 지키기 위해 원 스트라이크 아웃제를 활용하는 것이지요.

 야구처럼 삼진 아웃 제도가 있다고?

공공 기관이나 기업 등에서도 야구처럼 스리 스트라이크 아웃, 다른 말로 삼진 아웃 제도를 운영한답니다. 정한 원칙을 세 번 어기거나 같은 죄를 세 번 저질렀을 때 강력히 처벌하는 것이지요. 삼진 아웃 제도는 원칙을 어겨도 세 번까지 봐준다는 게 아니라, 같은 범죄를 반복해서 저지르면 더 크게 처벌한다는 취지예요. 우리나라에서는 2001년부터 음주 운전에 삼진 아웃 제도를 적용하고 있답니다.

벌금

규칙을 어겨서 내는 돈

벌금: 법이나 규칙을 위반했을 때 벌로 국가에 내야 하는 돈

규칙이나 법을 어겼을 경우 돈으로 대가를 치르기도 해요. 이때 행정 규칙을 어겼느냐, 처벌이 따르는 법을 어겼느냐에 따라 내야 하는 돈의 종류가 다르답니다.

먼저 벌금은 재판을 통해 판사가 '죄가 있으니 일정한 금액을 강제적으로 내야 한다'라고 판결한 거예요. 죄가 인정되지만 징역을 살 정도는 아니라서 돈을 내는 형벌을 받는 것이지요.

벌금형은 재판에 의해 벌을 받았다는 기록, 즉 '전과'가 남게 돼요.

범칙금이라는 것도 있어요. 도로 교통법과 경범죄 처벌법 등을 어겨서 내는 돈이지요. 범칙금 역시 범죄에 대한 처벌이지만 금액이 벌금만큼 크지는 않아요. 또한 전과가 남지는 않아요. 하지만 기한이 넘도록 범칙금을 내지 않는다면 전과 기록이 생길 수도 있지요.

범칙금보다 가벼운 과태료는 행정적인 규칙 등을 위반해서 내는 돈이에요. 일상생활에서 의무적으로 신고해야 하는 것을 하지 않거나, 주차를 위반하고 쓰레기를 마음대로 버리는 일처럼 질서를 어지럽힐 때 물게 되는 돈이지요. 과태료는 범죄로 인정되는 건 아니어서 전과로 남지는 않아요.

 ## 벌금 선고를 받으면 국회 의원 자리에서 물러나야 한다고?

국회 의원, 시장, 교육감 등 나라나 지역의 일을 맡을 사람들은 국민, 혹은 주민 투표로 뽑히게 되지요. 그런데 선거로 뽑힌 공무원이 어떤 법을 어겨서 재판을 받고, 재판 결과 100만 원 이상의 벌금형을 선고받게 되면 선거로 뽑힌 것이 무효가 돼요. 실제로도 100만 원이 넘는 벌금을 내게 되어서 당선이 무효가 되는 경우가 종종 생기곤 한답니다.

사형

사람의 목숨을 빼앗는 형벌

사형: 죄를 지은 사람의 생명을 빼앗는 형벌

죄를 지은 사람의 목숨을 빼앗는 처벌인 사형은 범죄자에게 내릴 수 있는 처벌 중 가장 무거운 것이지요.

그런데 이 사형 제도에 대해 찬성과 반대의 의견이 팽팽히 맞서고 있어요.

사형 제도 찬성론자 주장

강력한 처벌이 있어야 범죄를 예방할 수 있습니다!

중대한 범죄를 저지른 사람을 사회에서 영원히 분리할 수 있는 유일한 방법이에요!

범죄자의 인권과 피해자의 인권 중 어느 쪽이 더 중요한가요? 당연히 피해자죠!

사형 제도 반대론자 주장

혹시라도 잘못된 판결을 받아 억울하게 사형을 당한 사람이 생기면 어떡하죠?

제아무리 국가라도 사람의 기본권인 생명권을 빼앗을 권리는 없습니다.

목숨을 빼앗으면 반성과 재기의 기회조차 빼앗는 거잖아요!

사형 제도가 과연 범죄 예방에 큰 효과가 있을까요?

사형 제도에 대한 논쟁은 생명권과 공익 보호라는 가치가 맞서 쉽게 결론 내기 어려운 문제예요. 여러분의 생각은 어떤가요?

우리나라는 어떻게 하고 있을까?

우리나라에는 사형 제도가 있답니다. 고조선 8조법에도 '사람을 살해한 자는 죽음으로 갚는다'는 조항이 있는 것을 보면 사형 제도의 역사 또한 무척 오래되었다는 것을 알 수 있어요. 하지만 우리나라에서 마지막으로 사형이 집행된 날은 1997년 12월 30일이지요. 그날 이후, 지금까지 한 번도 사형을 집행하지 않았어요. 그러면 뉴스에서 본, 사형 선고를 받은 수많은 범죄자들은 어떻게 된 거냐고요? 그 사람들은 '선고'만 받은 것이랍니다. 법에 사형 제도가 있어서 사형을 구형하고 선고할 수 있지만, 실제로 사형을 집행하지는 않고 있는 것이지요. 그래서 우리나라를 '실질적 사형 폐지국'으로 분류하기도 하지요.

안락사

스스로 죽을 수 있는 권리

안락사: 극심한 고통을 받고 있는 불치의 환자가 스스로 선택하여 생을 마감할 수 있도록 하는 것

병에 걸렸는데 치료할 방법이 없다면 어떨까요? 하루에도 몇 번씩 엄청난 고통을 견뎌야 한다면요? 상상하기조차 싫은 끔찍한 상황이지만, 실제로 그런 사람들이 있어요.

이런 고통 때문에 스스로 선택하여 생을 마감할 수 있도록 하는 것을 안락사라고 해요. 안락사도 찬성하는 쪽과 반대하는 쪽의 의견이 크게 대립해요.

안락사를 찬성하는 쪽은 자기 자신의 삶에 대한 의사 결정은 본인 스스로 할 권리가 있다고 주장해요. 죽음 또한 마찬가지로 자기가 선택할 수 있는 문제라는 것이지요.

인간으로서 품위 있게 죽을 권리를 이야기하기도 해요. 남은 생을 끔찍한 고통으로 몸부림치는 것보다 죽음을 선택하는 것이 삶의 질을 높일 수 있다고 말이에요.

그러나 안락사를 반대하는 사람들은 어떤 이유에서라도 생명을 포기하거나 빼앗는 것은 안 된다고 주장해요. 한편으로는 안락사를 악용해 타인의 목숨을 빼앗는 경우가 생길지도 모른다고 걱정하지요.

현재 우리나라에서 안락사는 법으로 금지되어 있어요. 하지만 네덜란드, 스위스, 캐나다 등 몇몇 국가는 제한적으로 안락사를 허용하고 있답니다.

 버려진 동물들이 안락사된다고?

우리나라에서 사람을 안락사하는 건 법으로 허용되지 않지만, 동물을 안락사시키는 건 불법이 아니랍니다. 동물 안락사는 불치병에 걸려 치료할 수 없고 심한 고통에 시달리는 동물에게 이루어져요. 생명 유지를 위한 치료를 중단하거나, 약물로 고통 없이 죽음에 이르게 하지요. 그런데 우리나라에서 한 해 평균 2만 마리의 유기견이 주인을 찾지 못해 안락사되고 있어요. 버려진 동물을 보호할 자원과 공간이 부족해 일정 시간이 지나면 안락사시키는 것이지요. 이러한 문제로 반려동물을 '구매' 대신 '입양'하고, 끝까지 함께하겠다는 책임감을 가져야 한다는 목소리가 커지고 있답니다.

교과 연계

3학년 2학기 사회 01. 환경에 따라 다른 삶의 모습

4학년 2학기 사회 03. 사회 변화와 문화의 다양성

5학년 2학기 사회 02. 사회의 새로운 변화와 오늘날의 우리

5학년 2학기 국어 05. 여러 가지 매체 자료

7장
재미있는 법과 정치 용어

출마·낙마·대항마 | 흑백 논리 | 감자칩 민주주의 | 레임덕 | 의전 서열 | 필리버스터 | 단일화 | 뜨거운 감자 | 스모킹 건 | 포퓰리즘

법과 정치에 관한 표현들은 평소 우리가 쓰는 말과 달라서 어렵다고 생각하기 쉬워요. 하지만 알고 보면 정치와 법 용어 또한 우리 생활 속에서 나온 것들이 많답니다. 동물이나 음식에서 빌려 온 표현도 있고, 들으면 단번에 이해될 정도로 쉬운 용어들도 의외로 많지요. 물론 외래어여서 조금 어렵게 느껴지는 용어도 있지요. 친숙한 것과 새로운 것, 둘 다 살피며 슬기롭게 사회를 탐색해 볼까요?

출마·낙마·대항마

말과 선거가 무슨 관계지?

출마: 선거에 후보자로 나섬
낙마: 선거에서 떨어짐
대항마: 선거에서 승리가 예상되는 사람에 대해 그 사람을 이길 만한 유일한 사람

옛날, 관직에 오른 사람은 말을 타고 당당하게 고향으로 돌아왔어요. 그래서 말은 출세나 관직에 올랐음을 의미하곤 한답니다.

오늘날 선거에서도 '말'과 관련된 용어가 많이 사용돼요.

먼저 선거에 후보로 나서는 일을 '출마'라고 해요. 출마는 '말을 타고 나감'이라는 뜻인데 옛날에 말을 타고 나서는 일이 전쟁에 싸우러 나가는 걸 의미한 데서 비롯됐다고 해요. 마치 전쟁과도 같은 선거에 나서는 각오를 표현한 것이지요.

반대말은 '불출마'로, 선거에 후보로 나서지 않는 걸 뜻해요. 그리고 만약 선거에서 지면 '말에서 떨어짐'을 의미하는 '낙마'라는 표현을 써요.

'대항마'라는 표현도 있어요. 원래는 경마에서 우승이 예상되는 말과 결승을 겨루는 말을 뜻했는데, 선거에서는 당선이 유력한 후보와 경쟁을 하는 또 다른 유력 후보를 나타낸답니다.

 **검은 말? 알려지지 않은 말?**

다크호스(Dark horse)라는 단어가 있어요. 경마에서 실력이 잘 알려지지 않았는데 우승을 한 말을 가리킬 때 이 말을 썼어요. 이후 선거나 스포츠 경기 등 일상에서도 '아직 잘 알려지지 않았지만 예상 밖의 결과를 낼 수도 있는 사람', '실력을 알 수 없지만 유력한 경쟁 상대'를 뜻하는 말로 쓰이며 의미가 넓어졌지요. 다크호스가 등장한다면 선거의 결과가 크게 달라질 수 있기 때문에 정치에 대한 사람들의 관심이 높아진다고 해요.

흑백 논리

검은색 아니면 하얀색!

흑백 논리 : 모든 문제를 양극단으로 구분하고 중간의 것은 인정하지 않는 생각이나 태도

흑백 논리는 말 그대로 검은색과 흰색으로만 구분해 생각하는 걸 말해요. 모든 문제를 흑과 백, 선과 악, 이득과 손실 양극단으로 나누고 그 중간에 있는 것은 인정하지 않지요.

'연필은 생물이 아니라 사물이다'와 같이 명확한 답이 있거나 기준이 객관적일 때는 이렇게 참과 거짓, 옳고 그름으로 나누어 생각하는 것이 문제되지 않아요.

하지만 각 사람의 관점에 따라 답이 달라질 수 있는 도덕적 판단이나 사회 문제의 경우 흑백 논리는 문제가 되지요.

흑백 논리를 가진 사람들은 한쪽에 치우쳐 주장하고, 자신과 다른 다양한 주장들은 모두 잘못된 것이라고 생각해요. 그래서 다른 입장을 취하는 사람을 비난하고 헐뜯는 경우도 생긴답니다.

예를 들어 '독감 유행으로 학교 휴교에 찬성하지 않는 사람은 모두 학교 등교를 주장하는 사람이다'라는 주장이 그래요. 학교를 쉬는 것과 등교하는 것 사이에는 '온라인 수업을 하거나 전교생의 반만 등교한다'는 등 다양한 조건이 있는데, 이를 고려하지 못하는 것이지요.

이러한 흑백 논리는 민주적으로 의사 결정하는 데 방해가 돼요. 나와 다른 생각을 가진 사람을 존중할 뿐만 아니라 더 다양한 의견이나 생각이 존재할 수 있다는 사실을 인정하는 것이 민주적인 의사 결정을 위해 반드시 필요해요.

 네거티브 공세는 싫어!

선거철에 종종 '네거티브'라는 말이 쓰여요. 정치에서 네거티브(Negative)는 '부정적인'이라는 뜻으로, 선거에서 이기기 위해 상대방의 단점이나 잘못을 크게 선전하는 것을 말해요. 정치인들은 때때로 거친 비방이나 막말로 네거티브 공세를 펼치기도 하지요. 이러한 모습은 국민들에게 정치에 대한 안 좋은 인식을 줍니다. 상대방을 깎아내리기보다는 자신의 장점과 능력을 국민들에게 알리기 위해 노력해야 해요. 이러한 전략을 '긍정적인'이란 뜻의 포지티브(Positive) 전략이라고 한답니다.

감자칩 민주주의

감자칩을 먹으면서 정치에 참여한다?

감자칩 민주주의 : 소파에 앉아 감자칩을 집어 먹으며 정치에 참여하는 것을 비유한 용어. 텔레비전이나 컴퓨터 인터넷을 통해서도 정치 참여가 가능해진 것을 의미

옛날에 국민들은 정치인이 연설하거나 공약을 발표하는 것을 보기 위해서 광장이나 공원으로 나가야 했답니다. 정치에 참여하려면 사람이 많이 모이는 곳을 찾아가야 했지요.

그런데 텔레비전이 널리 보급되고 인터넷이 발달하면서 정치 참여 방법이 달라졌지요. 이제는 정치인을 직접 보러 가지 않아도 돼요. 텔레비전을 켜고 집 소파에 앉아 감자칩을 먹으면서도 정치에 참여할 수 있게 된 것이지요. 여기서 만들어진 말이 감자칩 민주주의예요.

이처럼 기술의 발달이 정치 참여의 형태를 더 편하고 쉽게 바꾸어 놓았답니다.

감자칩 민주주의는 미국 대통령 선거에서 처음으로 TV 토론회를 했던 1960년부터 널리 퍼진 용어예요.

우리 주변에서 감자칩 민주주의의 예를 다양하게 찾아볼 수 있어요. 선거 전에 텔레비전에서 중계하는 후보자 토론회, 정당과 후보자의 주요 정책을 찾아볼 수 있는 인터넷 사이트 등이 있지요.

초등학생은 어떻게 정치에 참여할까?

공동체의 문제를 해결하는 모든 일이 '정치'예요. 그러니 정치는 우리 주변 어디서나 할 수 있답니다. 초등학생이 정부에서 일을 하거나 국회 의원이 될 수 없지만, 가까운 일상에서 정치에 참여할 수 있는 방법이 여럿 있어요. 가족회의와 학급 회의에 참석해 의견을 내는 것, 우리 지역의 문제를 해결하기 위해 친구들과 캠페인을 하는 것, 구청이나 시청 누리집에 건의하는 글을 올리는 것들이 초등학생이 할 수 있는 정치 참여랍니다. 여러분은 오늘 어떻게 정치에 참여했나요?

레임덕

절뚝이는 오리가 된 대통령

레임덕 : 임기 종료를 앞두고 힘을 잃은 정치 지도자를 비유하는 말. 또는 임기 말기에 지도자의 리더십이 떨어지는 현상을 이르는 말

우리나라 대통령은 임기가 5년으로 정해져 있어요. 대통령의 임기가 끝나 간다는 것은 곧 대통령이 바뀐다는 것을 의미하지요.

임기 마지막에는 대통령의 지도력이 제대로 작동하지 않는 경우가 있어요. 곧 대통령에서 물러날 사람이니 따르는 사람이 줄어드는 거예요. 이런 현상을 레임덕(Lame duck)이라고 해요.

Lame은 다리를 절뚝거린다는 뜻이고 Duck은 오리를 뜻해요. 말 그대로 절뚝거리는 오리라는 뜻이에요.

두 발로 힘차게 걸어야 하지만 절뚝이는 다리 때문에 제대로 걷지 못하는 모습에, 임기 말 우왕좌왕하며 힘을 못 쓰는 대통령을 빗대어 표현한 것이랍니다.

원래 레임덕은 빚을 제때 갚지 못하는 사람을 가리키는 경제 용어였지만 지금은 정치 용어로 많이 사용되고 있어요. 레임덕은 중요한 나랏일에 대한 결정을 늦추고 효율을 떨어뜨려 나라 전체에 나쁜 영향을 줄 수 있지요.

시팅덕(Sitting duck)이라는 표현도 있답니다. 레임덕은 뒤뚱거리며 걷기라도 하지만, 시팅덕은 아예 주저앉아 있어 언제든 사냥꾼들의 목표가 될 수 있는 상태를 뜻해요. 따라서 이 표현은 '손쉽게 공격당하는 대상'을 뜻하지요.

레임덕보다 더 심각하게 권력이 떨어진 현상은 데드덕(Dead duck)이라고 표현해요. '죽은 오리'라는 문자 그대로 정치 생명을 다한 정치인이나 실패가 확실한 정책을 뜻하지요.

시팅덕 데드덕 마이티덕

반면 마이티덕(Mighty duck)은 '강력한 오리'라는 뜻처럼 레임덕 없이 지지율이 높은 상태로 임기를 마친 대통령이나 정치인을 뜻한답니다.

의전 서열

나라의 행사를 치를 때 누굴 먼저 챙겨야 할까?

의전 서열: 공식적인 행사나 의례에서 참석자의 직위 등에 따라 순서를 정해 예를 갖추는 것

학교의 입학식이나 졸업식 같은 행사를 생각해 볼까요? 교장 선생님, 교감 선생님, 학부모 회장님 등 행사에 참여한 분들이 일정한 순서대로 앉아 있는 모습이 떠오를 거예요.

나라의 중요한 행사에는 대통령, 국회 의원 등 학교 행사보다도 훨씬 많은 사람이 참석한답니다. 이때 누가 먼저 등장할지, 자리는 어디에 앉을지 결정하는 순서가 있어요. 이것이 바로 의전 서열이랍니다.

'의전'은 행사를 치르는 일정한 법칙을 말해요. '서열'은 순서를 나타내지요.

법으로 딱 정해진 것은 아니지만 보통 다음과 같은 순서를 따라요. 의전 서열 1위는 대한민국의 대표인 대통령이지요. 2위는 입법부를 대표하는 국회 의장이에요.

공동 3위는 사법부의 대표인 대법원장, 헌법 재판소의 수장인 헌법 재판소장이에요. 5위는 국무총리, 6위는 중앙 선거 관리 위원회의 위원장, 7위는 여당의 대표, 8위는 야당의 대표예요.

 **옥쌤 사회 상식** ## 갑자기 대통령에게 문제가 생기면?

대통령은 나라의 살림을 책임지는 매우 중요한 자리예요. 그래서 대통령에게 큰 문제가 생겼을 경우 대통령의 권한을 이어받는 사람의 순서가 정해져 있어요. 가장 첫 번째는 국무총리랍니다. 만약 국무총리가 이어받을 수 없다면 경제 부총리인 기획 재정부 장관이, 그다음으로는 사회 부총리인 교육부 장관, 과학 기술 정보 통신부 장관, 외교부 장관, 통일부 장관, 법무부 장관, 국방부 장관 등의 순서로 권한을 이어받게 되지요. 이 순서는 우리나라 정부 구성원의 의전 서열과도 같아요. 미국에서는 대통령을 포함해 모든 장관이 한자리에 모일 때, 혹시 모를 상황에 대비해 장관 한 명은 다른 안전시설에서 대기하도록 하지요. 이 사람을 '지정 생존자'라고 해요.

필리버스터

소수의 주장을 내세우는 합법적인 방법!

필리버스터: 국회에서 다수파의 독주 등을 막기 위해, 합법적 수단으로 의사 진행을 방해하는 행위

우리나라의 국회 의원은 300명이에요. 그리고 300명 중에 과반수가 출석하고 출석한 국회 의원 중 과반수가 찬성하면 법을 바꾸거나 만들 수 있어요.

예를 들어, 한 정당에 151명 이상의 국회 의원이 있고 이들이 다 같은 뜻이라면 법을 마음대로 만들 수 있는 거지요.

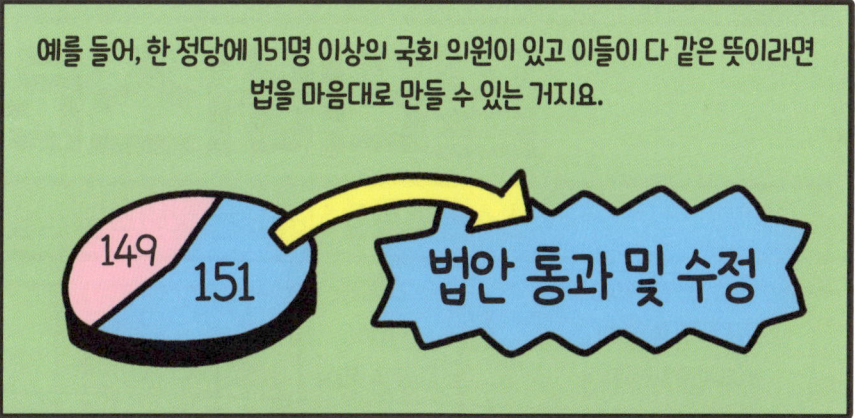

이 경우 국회 의원의 수가 적은 정당은 힘이 약할 수밖에 없어요. 그래서 다수파의 뜻대로 법안이 일방적으로 통과되는 걸 막기 위해 특별한 방법을 쓰지요.

이러한 방법 중 하나가 바로 필리버스터예요. 필리버스터는 법안의 표결을 진행하기 전, 의견 발표를 끝내지 않는 방법으로 표결을 늦추는 것이에요.

한 사람이 길게 하는 경우도 있고, 여러 사람이 이어서 발표를 하는 경우도 있어요. 우리나라에서는 '무제한 토론'이라고 부르기도 한답니다.

 ## 필리버스터를 한 국회 의원들

우리나라 국회법에 따르면 국회 의원 3분의 1 이상이 서명한 요구서를 국회 의장에게 제출하면 필리버스터를 실시할 수 있어요. 가장 처음 필리버스터를 한 사람은 김대중 전 대통령이랍니다. 1964년에 국회 의원이었던 김대중 전 대통령은 국회에서 5시간 19분 동안 발언해 동료 국회 의원의 구속을 결정하는 안건을 무산시켰어요. 가장 긴 시간 동안 필리버스터를 진행한 국회 의원은 윤희숙 의원으로, 2020년 12월 11일 필리버스터에 나서 무려 12시간 47분 동안 발언했답니다.

단일화

두 후보가 힘을 모아요

단일화: 지지율이 나뉘어 있던 여러 명의 후보가 선거에서 이기기 위해 한 후보를 지지하기로 하고 사퇴하는 것

단일화는 '하나로 됨. 또는 그렇게 만듦'을 의미해요. 선거에서 여럿이던 후보를 하나로 만드는 걸 '후보 단일화'라고 하지요.

단일화는 표를 한곳으로 모아서 선거에 이기기 위한 전략으로 사용해요.

만약 A 후보와 B 후보가 뜻을 합쳐 A 후보만 선거에 나간다면, B 후보를 지지했던 사람들도 A 후보에게 투표할 확률이 높아요.

이때 A 후보는 더 많은 사람의 이익을 대표할 수 있게 되고, 후보의 수가 적어져 선거 과정을 더 효율적으로 운영할 수 있답니다. 국민도 후보자의 공약이나 선거 과정을 더 잘 이해할 수 있고요.

하지만 후보 모두 본인이 단일화 후보가 되기를 바라기 때문에 단일화가 쉽지는 않아요. 그래서 보통 여론 조사에서 지지율이 높은 후보로 단일화를 하는 편이지요.

단일화를 했다면 대통령이 됐을 텐데!

6·29 민주화 선언 이후 제13대 대통령 선거에 유력한 세 후보가 출마했어요. 노태우, 김영삼, 김대중이었지요. 노태우는 전두환 대통령과 가까운 사이였기에 노태우가 아닌 사람이 대통령이 될 확률이 높았어요. 그런데 김영삼과 김대중의 후보 단일화가 실패하면서 노태우가 대통령이 되지 않기를 바라는 사람들의 표가 나뉘어 버렸지요. 그 결과 노태우가 36.64퍼센트의 표를 받아 대통령이 되었어요. 김영삼은 28.03퍼센트, 김대중은 27.04퍼센트의 표를 받았기 때문에 만약 단일화를 했다면 단일화 후보가 여유 있게 대통령이 되었을 거예요.

뜨거운 감자

먹지도 못하고 뱉지도 못해요

뜨거운 감자 : 중요한 일이지만 현실적으로 다루기 어려운 미묘한 문제를 일컫는 말

방금 구워 낸 감자를 먹어 본 적이 있나요? 겉으로 보기에는 별로 뜨거워 보이지 않아서 한입 베어 물었는데 너무 뜨거워서 삼킬 수도 없고, 그렇다고 뱉을 수도 없었던 적이 있을 거예요.

잘 식혀 드세요!

생활하다 보면 이렇게 어느 쪽도 쉽게 고르지 못하는 문제들이 있어요. 이렇게 '정치적으로 사회적으로 중요한 일이지만 이러지도 저러지도 못해서 쉽사리 결정을 내리지 못하는 일'을 뜨거운 감자라고 해요.

고민 A 고민 B

영어인 Hot potato를 그대로 한국말로 옮긴 것인데 우리 사회에서도 많이 사용되는 용어지요.

일상 속 작은 문제든 나라 사이의 큰 문제든 찬성과 반대의 의견이 팽팽하게 맞서는 문제를 일컬을 때 사용해요.

찬성 반대

이 용어는 베트남 전쟁 때 미국이 베트남에 군대를 계속 두지도, 철수하지도 못하는 난감한 상황을 나타내는 표현으로 쓰였다고 해요.

옥쌤 사회상식 — 냄비에 빗댄 표현도 있다고?

물을 끓이기 위해 냄비를 불 위에 올렸다고 상상해 봐요. 물이 든 냄비는 금방 뜨거워지고 냄비 속의 물이 팔팔 끓을 거예요. 하지만 불을 끄면 냄비는 언제 뜨거웠냐는 듯이 금방 식어 버리지요. 이런 냄비의 모습에 빗대어 사람들이 어떤 일에 빠르게 흥분했다가도 금세 언제 그랬냐는 듯 쉽게 잊어버리는 성질을 '냄비 근성'이라는 말로 부정적으로 표현한답니다. 이제 뉴스에서 '요즘 뜨거운 감자인 문제에 대한 냄비 근성이 걱정된다'라는 표현을 접하면 쉽게 이해할 수 있겠지요?

스모킹 건

범인은 바로 당신!

스모킹 건 : 범죄나 사건 등을 해결하는 데 있어서의 결정적 단서 혹은 명백한 증거

여러 사람이 있는 방에서 누군가 총에 맞았다고 상상해 봐요. 다음 중 누가 범인일까요?

손에 책을 들고 있는 사람, 손에 망치와 못을 들고 있는 사람, 손에 연기가 나는 총을 들고 있는 사람.

손에 연기가 나는 총을 들고 있는 사람이 범인일 거예요. 방금 총에 맞은 사람이 있는데 연기 나는 총을 들고 있다는 것은 너무나 확실한 증거이기 때문이지요.

이처럼 어떤 사건에서 확실한 증거가 되는 것을 뜻하는 단어가 스모킹 건이랍니다. 스모킹 건이란 우리말로 하면 '연기가 나는 총'이라는 뜻이지요.

예전에는 범인이 사용한 도구, 범죄를 목격한 사람의 증언 등이 스모킹 건이 되는 경우가 많았어요.

그런데 지금은 과학 기술이 발달하며 범죄 현장에서 발견된 범인의 DNA 등이 스모킹 건이 되는 경우가 많아요. 이 용어는 탐정 셜록 홈스가 등장하는 추리 소설에서 처음 쓰였답니다.

 **옥쌤 사회상식**

범죄 심리 전문가, 프로파일러!

경찰은 범인을 잡기 위해 다양한 분야에서 일하지요. 그중에 특히 심리 분야에서 활약하는 범죄 심리 분석 수사관이 있어요. 이들을 '프로파일러'라고 부르지요. 프로파일러는 용의자의 행동이나 성격, 심리를 분석하고 범죄 현장에서 범인이 어떻게 행동했을지를 추리하여 수사를 도와요. 범죄를 저지른 목적을 분명히 알 수 없고, 증거가 부족해 해결하기 어려운 사건에서 프로파일러가 크게 활약하지요. 우리나라는 2000년부터 범죄 프로파일링 기법이 도입되었답니다.

포퓰리즘

사람들의 인기를 얻기 위한 정치

포퓰리즘: 많은 사람의 요구와 바람을 반영하는 등 대중의 인기를 얻어 권력을 획득하려는 정치 활동

대중의 요구와 바람을 반영해 정치 활동을 하는 것을 포퓰리즘이라고 해요.

권력을 가진 몇몇 사람들의 의견을 듣고 정책을 만드는 것이 아니라 많은 사람이 내는 목소리에 귀를 기울이는 것이지요.

대중의 인기를 얻으려 노력하고, 다수를 위한 정책을 만든다는 점에서 포퓰리즘은 민주주의와 뜻이 같아요.

하지만 포퓰리즘이 안 좋은 방향으로 이용되기도 해요. 대중의 인기를 얻는 것에 급급해 무리한 공약을 내세우는 후보자와 국회 의원들이 있거든요.

인기↑

국가 재정을 고려하지 않고 선심성 정책을 펼치거나, 특정 집단의 지지를 얻어 비민주적으로 권력을 다지려는 것이 포퓰리즘을 악용하는 경우랍니다.

많은 국민의 뜻을 반영하는 것은 바람직하지만, 실현 가능성이 거의 없거나 책임지지 못할 말로 국민을 선동하면 안 되겠지요?

옥쌤 사회상식 : 베네수엘라의 포퓰리즘 정치

1999년 베네수엘라의 대통령이 된 차베스는 국민들이 의료 서비스와 교육을 무상으로 받을 수 있도록 하고, 나라에서 집을 지어 가난한 사람들에게 무료로 나눠 주는 등 포퓰리즘 정책을 펼쳤어요. 그래서 차베스는 국민들에게 큰 인기를 얻었어요. 그런데 석유의 가격이 낮아지면서 석유를 팔아 돈을 벌던 베네수엘라에 문제가 생겼답니다. 실업자가 늘고 물가가 높아졌지요. 이런 상황에서 포퓰리즘 정책으로 필요한 돈은 많았어요. 결국 베네수엘라의 경제가 큰 위기에 처했고 국민들의 생활은 무척 힘들어졌답니다.

교과 연계

3학년 도덕 06. 생명을 존중하는 우리

4학년 1학기 사회 03. 지역의 공공 기관과 주민 참여

5학년 도덕 05. 갈등을 해결하는 지혜

6학년 1학기 사회 01. 우리나라의 정치 발전

6학년 2학기 사회 02. 통일 한국의 미래와 지구촌의 평화

6학년 도덕 06. 함께 살아가는 지구촌

8장
더 알고 싶어요! 법과 정치 개념

법 　동물권 | 현행범 | 불체포 특권 | 무고죄 | 국제법 | 국제 형사 경찰 기구 | 사법 시험 | 법학 전문 대학원

정치 　유신 헌법 | 6·29 민주화 선언 | 선거 비용 보전 제도 | 복지 | 님비 현상 | 핌피 현상 | 도어스테핑 | 정상 회담 | 킹메이커 | 법안 자동 폐기 | 매니페스토 운동 | 캐스팅 보트

법

동물권

인간이라면 누구나 태어나면서부터 기본권을 가지지요. 그런데 인간을 넘어 동물에게까지 기본권을 보장해야 한다는 주장이 등장했어요. 동물도 인간처럼 고통과 즐거움 등의 감정을 느끼기 때문에 존엄한 생명체로서 권리, 즉 동물권을 보장받아야 한다는 것이지요. 동물권을 옹호하는 사람들은 동물 종마다 본성에 맞는 적절한 서식지에서 안락하게 사는 등 행복한 삶을 누릴 수 있어야 한다고 주장해요. 또한 인간에게 유용한지 유용하지 않은지에 따라 동물의 가치가 결정되면 안 된다고 생각해요. 따라서 동물을 지나치게 좁은 곳에 가두어 기르거나 학대하는 것, 인간을 위해 실험용으로 사용하는 것을 반대하지요. 우리나라에서는 동물의 생명을 보호하고 적정하게 관리하기 위해 동물 보호법을 만들어 지키고 있답니다. 또한 많은 시민 단체에서 동물 보호를 위한 다양한 운동을 전개하고 있지요.

현행범

대부분의 경우, 경찰은 범인이 범죄 현장에 남긴 증거를 토대로 수사를 벌여 범인을 체포해요. 이때 법원이나 법관이 발부한 '영장'이라는 서류가 있어야만 체포할 수 있지요. 국민이 부당하게 체포되거나 수색당하지 않게 하기 위해서예요. 그런데 이러한 영장 없이도 경찰이 곧바로 체포할 수 있는 예외적인 상황이 있어요. 바로 '현행범'을 발견했을 때예요. 현행범이란 범죄를 실행하는 중이거나 실행한 직후에 범행 장소에서 즉시 잡힌 범인을 말하지요. 현행범은 누구든지 영장 없이 체포해서 경찰서 등 수사 기관에 넘길 수 있어요. 또한 범죄를 저지른 직후, 바로 그 장소에 있지 않더라도 범인으로 지목되어 추적되고 있는 사람, 범죄에 사용되었다고 여겨지는 흉기 등을 갖고 있는 사람, 옷이나 몸에 범죄의 흔적이 남아 있는 사람, 신분을 확인하려 할 때 도망가는 사람 등은 '준현행범'으로 현행범과 똑같이 영장 없이도 체포할 수 있답니다.

불체포 특권

불체포 특권은 말 그대로 '체포되지 않는 특별한 권리'예요. 우리나라에서 불체포 특권을 가진 대표적인 사람은 국회 의원들이에요. 국회 의원은 국회가 열리는 기간 동안 체포되거나 감옥에 갇히지 않아요. 만약 정부가 국회를 부당하게 억압하는 상황이 생긴다면, 국회 의원이 자유롭게 활동하도록 보장해 주기 위한 제도지요. 예를 들어, 독재자가 반대 의견을 내는 국회 의원을 감옥에 가두어 자신에게 유리한 상황을 만들 수 있으니 국회 의원에게 불체포 특권을 준 것이랍니다. 하지만 국회를 열고 있더라도 국회 의원을 체포할 수 있는 경우가 있어요. 첫째로 국회 의원 체포 동의안이 국회에 제출되어 표결을 붙여 통과될 경우예요. 둘째로는 아무리 국회 의원이라도 현행범이라면 불체포 특권이 적용되지 않아 체포되지요. 국회 의원 말고도 학교 선생님들도 현행범이 아닌 한 학교 안에서는 체포되지 않아요.

무고죄

법을 어기고 죄를 지은 사람은 당연히 법에 따라 처벌받아야 해요. 법을 어긴 사람들이 죗값을 받도록 적극적으로 신고하는 자세도 필요하지요. 그런데 만약 누군가 나를 처벌받게 할 목적으로 거짓 신고를 한다면 어떨까요? 나중에 무죄로 밝혀진다 하더라도 조사받는 기간 동안 억울한 마음이 들고, 거짓말 때문에 처벌받을지도 모른다는 생각으로 스트레스를 받을 거예요. 복잡한 재판 절차까지 거친다면 돈도 시간도 많이 들 것이고요. 그런데 거짓 신고한 사람에게 아무 책임도 묻지 않는다면, 일부러 다른 사람의 사회적 지위를 위협하거나 자신의 유익을 위해 거짓으로 신고하는 사람들이 많아지겠지요? 이런 문제를 방지하기 위해 무고죄를 다스리는 법이 생겼어요. 무고죄는 다른 사람을 처벌받게 할 목적으로 관련 기관에 진실이 아닌 것을 진실인 것처럼 꾸며 신고하는 죄를 말해요. 무고죄는 10년 이하의 징역 또는 1,500만 원 이하의 벌금에 처한답니다.

국제법

옛날부터 모든 국가에는 법이 존재했고, 국가 안에서 일어나는 일들은 그 법에 따라 처리했어요. 그런데 국가와 국가 사이에 어떤 문제나 갈등이 생겼을 때에는 과연 어느 나라의 법을 따라야 공평할까요? 국가들 사이에 교류가 많아지면서 함께 지켜야 할 법이 필요하게 되었어요. 그래서 합의에 따라 국가와 국가 사이의 권리와 의무를 규칙으로 정한 국제법이 등장했답니다. 국제법은 '조약'과 '국제 관습법'으로 되어 있어요. 조약은 각 국가의 대표가 모여 국가 간 문제를 해결할 방법을 공식적으로 약속한 것이에요. 따라서 조약은 체결한 국가들만 지킬 의무가 있지요. 반면, 국제 관습법은 문서로 정리되어 있지는 않지만 오랫동안 국제 사회 대부분의 나라가 합의해서 지키고 있는 규칙들을 말해요. 국가 간 교류가 활발해질수록 국제법의 중요성과 영향이 커지고 있어요. 하지만 국제법은 상대적으로 강제력이 크지 않아 효과가 제한적이기도 해요. 예를 들어, 한 국가가 국제법을 어기더라도 공식적으로 처벌할 방법은 없지요.

국제 형사 경찰 기구

인터폴이라고도 불리는 국제 형사 경찰 기구는 각 국가의 경찰이 국제 범죄를 막고, 범죄자를 잡는 것에 협력하기 위해 1923년에 설립한 국제 기관이에요. 각 나라의 법률 범위에서, 그리고 세계 인권 선언의 정신을 바탕으로 수사에 협조하는 것이 목적이지요. 만약 우리나라에서 범죄를 저지른 사람이 국경을 넘어 다른 나라로 도망가 버린다면 우리나라 경찰이 범죄자를 잡기 힘들겠지요? 이런 경우 그 나라의 경찰 또는 인터폴과 협력하여 범죄자를 잡아요. 우리나라는 1964년에 인터폴에 가입했으며, 1999년에는 서울에서 인터폴 총회를 개최하기도 했어요.

인터폴에서는 범죄자들을 청색, 녹색, 황색 등 색깔로 구분해서 수사해요. 그중 '적색 수배'는 최고 등급에 해당하는 것으로, 적색 수배를 인터폴에 요청하면 회원 국가에 그 범죄자의 정보가 공유된답니다. 그리고 마침내 회원 국가 가운데에서 범죄자를 검거하면 그 범죄자의 수사를 요청한 나라로 돌려보내게 되지요.

사법 시험

판사나 검사, 변호사처럼 법과 관련된 일을 하는 법조인이 되기 위해서는 법에 대한 공부를 하고 법조인으로 일할 때 필요한 지식이나 능력이 있는지 확인하기 위한 시험을 쳐야 했지요. 이 시험을 사법 시험이라고 해요. 우리나라에서 사법 시험은 1963년에 처음 시작되었고 2017년까지 시행했어요. 사법 시험은 1차 선택형 필기시험, 2차 논술형, 3차 면접으로 실시되었어요. 수많은 법의 내용을 잘 알고 있어야 해서 공부의 양이 엄청났지요.

과거에는 법조인이 되면 사회적으로 성공한다고 여겼기 때문에 사법 시험에 여러 번 도전하는 사람들이 많았어요. 사법 시험에 합격하면 사법 연수원에서 2년간 수습을 마치고 판사, 변호사, 검사, 군 법무관이 될 수 있었답니다.

법학 전문 대학원

우리나라는 2008년부터 미국에서 활용하는 법학 전문 대학원 제도를 도입했어요. '로스쿨'이라고도 불리는 법학 전문 대학원은 법학 이외에 다양한 분야를 공부한 사람이 실제 업무 위주로 법률 교육을 받도록 하는 기관이에요. 전공과 관계없이 4년제 대학 졸업자가 법학 적성 시험을 통과하면 로스쿨에 입학할 수 있답니다. 2017년에 사법 시험이 사라지면서 법조인이 되려면 로스쿨을 나와야 하지요.

로스쿨에서 3년 과정을 이수하면 변호사 자격 시험에 응시할 수 있는 기회가 주어지고, 시험에 합격하면 변호사로 활동할 수 있어요. 검사가 되고 싶은 사람은 로스쿨에서 검사 지원 과정에 선발된 후 변호사 시험에 합격해야 해요. 판사가 되기 위해서는 로스쿨 졸업 후 변호사 시험에 합격하여 일정 기간 동안 경험을 쌓는 과정이 더 필요하답니다.

정치

유신 헌법

1972년 10월 17일에 대한민국 헌법이 일곱 번째로 바뀌었어요. 이때 새롭게 바뀐 헌법을 유신 헌법이라고 해요. '유신'이라는 말은 낡은 제도를 고쳐서 새롭게 한다는 뜻이에요. 당시 대통령이었던 박정희는 국가 긴급권을 발동해 국회를 해산하고 정치 활동을 금지했어요. 그리고 비상 국무 회의에서 헌법을 고치는 안건을 논의한 후 국민 투표를 거쳐 헌법을 바꿨어요. 박정희 대통령은 평화 통일을 지향하고 자유와 평화를 지키며 국제 사회의 변화에 발맞추기 위해 헌법을 바꾸는 것이라고 주장했지만, 유신 헌법에는 국민의 기본권을 제한하고 독재를 가능하게 만드는 내용이 많았지요. 대통령이 국회를 해산시킬 수 있고, 대통령을 국민이 직접 뽑을 수 없게 하고, 대통령의 임기를 6년으로 늘리며 중임이나 연임도 할 수 있게 하는 등의 내용이 담겼답니다. 사실상 유신 헌법은 박정희 대통령의 장기 집권과 독재를 가능하게 해 주는 헌법이었지요.

6·29 민주화 선언

1979년 전두환은 군대를 동원해 권력을 장악하고 간접 선거를 통해 1980년에 대통령이 되어 독재를 했어요. 이에 국민들은 민주주의를 요구하며 6월 민주 항쟁을 일으켰어요. 그 결과 당시 여당의 대표였던 노태우는 국민의 요구를 받아들여 헌법을 바꾸는 개헌을 하겠다고 발표했지요. 이 날짜가 1987년 6월 29일이어서 이 발표를 6·29 민주화 선언이라고 해요.
6·29 민주화 선언에는 국민이 직접 투표하는 직선제로 평화로운 방식으로 대통령을 선출한다는 내용, 누구든 자유롭게 대통령 선거에 나와 공정하게 경쟁할 수 있게 한다는 내용, 독재에 반대하다가 감옥에 갇힌 사람들을 풀어 주겠다는 내용, 헌법의 기본권을 강화하겠다는 내용, 언론의 자유를 보장한다는 내용 등이 담겼어요.

선거 비용 보전 제도

선거에 후보로 나서려면 많은 돈이 필요해요. 당선 전략을 짜기 위해 사무실을 얻고 후보자를 홍보하는 현수막과 벽보 등도 만들어야 하기 때문이지요. 그밖에도 선거 운동에는 여러 비용이 드는데, 특히 전국으로 다니며 선거 유세를 해야 하는 대통령 선거에 출마하려면 어마어마한 돈이 필요하다고 해요. 그렇다면 돈이 없으면 선거에 후보자로 나설 수 없을까요? 우리나라 헌법에는 '선거에 드는 경비는 법률이 정하는 경우를 제외하고 후보자에게 부담시킬 수 없다'라고 나와 있어요. 능력이 되면 누구나 공정하게 선거에 출마할 수 있도록 국가는 세금으로 선거 비용 보전 제도를 운영해요. 이 제도로 후보자는 당선되거나 득표율이 15퍼센트 이상이 될 경우, 국가가 정한 한도 안에서 지출한 선거 비용을 모두 돌려받을 수 있어요. 제20대 대통령 선거에서 가장 표를 많이 받은 두 후보는 400억이 넘는 돈을 선거 비용으로 썼어요. 하지만 두 후보 모두 득표율 15퍼센트를 넘어 선거 비용을 돌려받았답니다.

복지

정치에서 말하는 복지는 국민이 행복하게 살 수 있게 나라가 여러 정책을 펴는 일을 뜻해요. 출산, 양육, 실업, 노령, 장애, 질병, 빈곤, 사망 등 여러 상황에서 국민들의 기본적인 생활을 보장하는 '사회 보장 제도'가 대표적이지요. 뿐만 아니라 도로 등 사회 기반 시설을 정비하고, 공공 기관을 만드는 것도 복지예요.

복지 정책은 크게 두 가지로 구분해요. 먼저, '선별적 복지 정책'은 도움이 필요한 사람에게만 복지 혜택을 주는 것을 말해요. 세금을 적게 쓰면서도 복지의 효과를 단번에 알 수 있지요. 하지만 복지를 받는 사람에게 낙인을 찍게 되고, 사회의 불평등을 근본적으로 해결하지 못한다는 단점이 있어요. 반대로 '보편적 복지 정책'은 모든 국민에게 복지 혜택을 제공하는 것을 말해요. 국민의 삶의 질이 전반적으로 높아지지만, 그만큼 세금을 많이 걷어야 해요. 또, 일하지 않고 복지 혜택만 누리려는 사람들이 생겨나서 사회 문제가 생기기도 하지요. 보편적 복지 정책은 스웨덴, 노르웨이, 핀란드, 덴마크 같은 북유럽 나라들이 적극적으로 펼치고 있답니다.

님비 현상

국가의 발전과 국민의 편리한 생활을 위해서는 다양한 시설이 필요해요. 이 중에는 도서관이나 공기업, 연구 단지 같은 것들도 있지만 쓰레기 소각장, 송전탑, 원자력 발전소, 교도소, 공동묘지, 화장터처럼 사람들이 기피하는 시설도 있어요. 모두 국민을 위한 것이고 어느 것 하나 중요하지 않은 것이 없지만, 일부 시설은 사람들에게 불쾌감을 주거나 공해를 만드는 것이 사실이지요. 그래서 사람들은 종종 자기네 지역에 이런 기피 시설이 들어서는 것을 반대해요. 꼭 필요한 시설이므로 우리나라 어딘가에는 지어져야 한다는 것을 알면서도 말이에요. 이러한 지역 이기주의를 님비(NIMBY) 현상이라고 말해요. 'Not In My Back Yard(우리 집 뒷마당은 안 돼)'라는 영어 문장의 앞 글자들을 딴 용어지요. 님비 현상을 해결하기 위해서 국가는 해당 시설의 안전성을 적극적으로 알리고, 시설물에 대한 나쁜 인식을 없애는 등 적절한 대책을 마련하여 주민들과 타협하고 있답니다.

핌피 현상

핌피 현상은 전철역이나 금융 시설, 종합 병원 등 지역에 경제적 또는 사회적으로 유익을 주는 시설이 다른 지역이 아닌 자신의 지역에 자리 잡길 바라는 지역 사람들의 태도를 의미해요. 님비 현상과 정반대의 뜻이어도 지역 이기주의라는 점에서는 핌피 현상도 같아요. 핌피(PIMFY)는 'Please In My Front Yard(우리 앞마당에 부탁해)'의 앞 글자를 따서 이름을 붙였어요.

지방 자치 제도가 시행되면서 지역 간 경쟁이 더 심해져 님비 현상과 핌피 현상이 종종 나타나기도 해요. 이런 지역 이기주의는 사회적으로 갈등과 차별을 만들어 국가 전체에 좋지 않은 영향을 미치지요. 따라서 무조건 반대하거나 경쟁하려고 하기 전에 먼저 다른 지역의 입장과 정책의 필요성을 이해하고 소통하려는 태도가 필요해요. 정부도 정책을 세울 때 지역의 상황을 고려해 적절한 보상을 통해 지역 주민의 합의를 이끌어 내도록 노력해야 하지요.

도어스테핑

대통령과 국회 의원들은 국민을 대표하는 사람들이지만 모든 국민이 이들을 직접 만나기는 어렵지요. 그래서 각종 방송과 신문 등 언론 매체들이 정치인의 생각과 말을 국민에게 전하는 역할을 맡지요. 정치인들은 보통 중요한 의견이나 입장을 전할 때 특정한 시간과 장소를 정해 놓고 기자들을 불러 모아 기자 회견을 열어서 발표해요. 그런데 수많은 정치적 안건에 대한 뜻을 전할 때마다 기자 회견을 열기는 어려워요. 그래서 업무를 위해 바깥을 오가는 길에 간단하게 기자들의 질문에 답하거나 자신의 입장을 밝히는 말을 전하기도 하지요. 이러한 모습을 도어스테핑이라고 해요. '출근길 문답', '약식 문답'으로 일컫기도 하지요. 도어스테핑을 통해 정치인은 국민 앞에 자주 나서게 되고, 소통을 잘하는 이미지가 생기는 장점이 있어요. 하지만 미리 철저히 준비하는 기자 회견과 달리, 실수하기도 쉽기 때문에 더 신중한 자세가 필요하답니다.

정상 회담

정상 회담은 두 나라 이상의 정상이 모여 어떤 문제에 관해 토의하는 것이에요. '정상'이란 그 나라를 대표하는 사람을 말해요. 대통령제 국가인 우리나라의 경우 대통령이 정상이고, 의원 내각제 국가의 정상은 총리지요. 군주제 국가의 경우 국왕이 국가의 정상이고요. 각 나라의 정상은 다른 나라와 어떤 문제에 대해 의견을 조율하기도 하고 약속을 맺기도 해요. 때로는 나라 사이에 쌓인 갈등을 해결하기 위해 만나기도 하고요. 예를 들어 우리나라는 여러 차례 북한과 남북 정상 회담을 열어 분단 상황, 이산가족 문제와 경제 협력 등 여러 가지를 논의했어요. 또한 우리나라는 미국, 일본과도 자주 정상 회담을 갖고 경제와 안보에 대한 이야기를 나누지요. 두 나라만이 아니라 여러 나라의 정상이 모이기도 해요. 2010년에 우리나라에 20여 국가의 정상이 모였던 'G20 정상 회의'가 대표적이지요. 세계화가 이루어지며 여러 나라가 함께 관련된 문제를 다룰 일이 많아졌고, 따라서 정상 회담의 종류도 많아지고 있답니다.

킹메이커

킹메이커는 글자 뜻 그대로 '왕을 만든 사람'을 의미해요. 이 말은 영국에서 처음 사용되기 시작했어요. 중세 시대 영국의 리처드 네빌 백작은 왕이었던 헨리 6세를 몰아내고 에드워드 4세를 왕위에 올리는 데 큰 역할을 했답니다. 새로운 왕을 탄생시킨 리처드 네빌 백작은 그때부터 사람들에게 킹메이커로 불리게 되었어요. 오늘날 대부분의 나라에는 왕이 없기 때문에, 대통령이나 총리 등 최고 권력자를 탄생시키는 데 큰 역할을 한 사람을 킹메이커라고 부르지요. 킹메이커의 말이나 행동은 대통령 선거나 다른 정치적 상황에 큰 영향을 미쳐요. 특히 최고 권력자의 자리를 두고 경쟁이 치열할 때 킹메이커의 영향력이 더 커지지요.

우리나라 역사에서 대표적인 킹메이커로는 조선 시대의 한명회를 들 수 있어요. 수양 대군은 1453년 계유정난을 일으켜 왕위를 차지하며 세조가 되었는데, 이 계유정난을 계획하고 감독한 사람이 한명회였지요. 이후 한명회는 세조에게 공을 인정받아 높은 벼슬을 지내고 많은 재산 얻으며 왕 부럽지 않은 권력을 누렸답니다.

법안 자동 폐기

국회 의원들은 임기 동안 수많은 법을 제안해요. 우리나라의 20대 국회(2016년~2020년)에서 발의된 법안이 24,000개가 넘는다고 해요. 그런데 이 중에서 약 35퍼센트만 국회 본회의에서 통과되어 법으로 만들어졌답니다. 나머지 법안들은 본회의에서 의논도 되지 못하고 이전 단계에서 국회 의원 간 의견이 달라 진행조차 하지 못한 것이에요. 이렇게 국회에서 통과되지 못하고 머물러 있는 법을 '계류'되었다고 해요. 계류된 법안들은 국회 의원의 임기가 끝나면 자동으로 폐기돼요. 그 법안을 다시 국회에서 의논하고 싶다면 다음 선거에서 당선된 국회 의원이 처음부터 다시 법안을 만들고 심사받는 과정을 거쳐야 해요. 이처럼 애써서 제출한 법안이 자동 폐기되어 우리 사회에 꼭 필요한 법이 만들어지지 못하는 일이 없어야 하겠지요? 그러기 위해서 국회 의원들은 더 노력하고 국민들은 꾸준히 관심을 갖고 지켜봐야 한답니다.

매니페스토 운동

선거에 나간 후보자가 어떤 일을 하겠다고 사람들에게 약속하는 것을 '공약'이라고 해요. 그런데 반장이나 전교 회장으로 당선되고도 후보자 때 약속한 공약을 지키지 않는 경우를 본 적이 있나요? 아마 그런 경험이 있다면 당시 '속았다'라는 기분이 들었을 거예요. 당선되기 위해 거짓말을 한 셈이니까요. 1834년 영국 보수당의 대표는 겉만 번지르르한 공약이 아닌 구체적인 공약을 세우고 지킬 것을 강조했어요. 이것이 매니페스토 운동의 기원이 되었지요. 이 운동은 시민이 중심이 되어 선거에서 후보자들이 내놓은 공약이 정말 좋은 공약인지, 실제로 이룰 수 있는 공약인지를 다양한 기준으로 평가해 알린답니다.

우리나라에서는 2005년부터 시민들이 단체를 꾸려 매니페스토 운동을 추진해 오고 있어요. 그 결과 국민들은 더 많은 정보를 가지고 정치에 참여할 수 있게 되었지요. 또한 상대방을 비방하거나 당파를 앞세우는 대신, 공약의 내용과 실현 가능성을 내세우는 선거 운동 분위기를 만드는 데 기여했답니다.

캐스팅 보트

회의에서 하나의 안건을 두고 투표했을 때, 찬성과 반대가 정확히 반반이면 어떻게 해야 할까요? 이럴 땐 두 가지 방식으로 결정할 수 있어요. 먼저 찬성과 반대가 반반이면 해당 안건이 부결되었다고 보는 경우가 있어요. 우리나라는 헌법 제49조에서 '국회는 찬성, 반대가 같은 수이면 부결된 것으로 본다'라고 정했어요. 한편으로 회의의 장이 최종 결정권인 캐스팅 보트(Casting Vote)를 가지는 경우가 있어요. 캐스팅 보트는 투표에서 찬성표와 반대표의 수가 같게 나왔을 경우, 의장에게 주어지는 최종 결정권을 의미해요. 영국 의회에서는 하원 의장이 투표권 없이 결정권, 즉 캐스팅 보트만 가져요. 일본에서는 의장이 캐스팅 보트를 가지고요.

또한 두 정당의 의견이 팽팽하게 맞서고 있어서 소수의 표가 아주 중요할 때, 제3당이 '캐스팅 보트를 쥐고 있다'고도 말해요. 그래서 캐스팅 보트를 '결정권', '결정표'라고도 부른답니다.

현직 초등학교 교사 옥효진 선생님이 직접 뽑은
초등학생이 꼭 알아야 할 경제 개념 100가지!

경제 교육 열기 속에서 유튜브 채널 〈세금 내는 아이들〉로 독보적인 경제 학습법을 구축한 초등 교사 옥효진 선생님이 현직에서 일하며 아이들 눈높이에서 발견한 필수 경제 개념을 알려준다. 옥효진 쌤, '소비 요정' 탄이, '짠순이' 솔이의 극공감 만화를 술술 읽다 보면, 교과 필수 경제 개념 100가지를 알차게 얻어 갈 수 있다.

글 옥효진 | 그림 나인완 | 196쪽 | 22,000원

★★★★★
2019년, 2020년
대한민국
경제교육대상
수상

★★★★★
2021년
부총리 겸
기획재정부장관
표창장

★★★★★
2022년
교보교육대상
미래교육콘텐츠부문
대상 수상

★★★★★
2022년 제7회
금융의 날
대통령표창
수상

현대 사회에서 모두에게 반드시 필요한 경제!
경제를 알아야 진짜 우등생!

아마 처음에는 경제와 서먹서먹할지도 몰라요. 하지만 하루, 이틀 이런 식으로 매일 경제의 이야기를 듣고 내 이야기도 들려주며 조금씩 가까워지는 건 어떨까요? 경제란 녀석은 아주 재미있는 이야기들을 많이 알고 있거든요.

– 〈작가의 말〉 중에서

《옥효진 선생님의 지리 개념 사전》도 기대해 줘, 멍!

초판 1쇄 발행 2023년 12월 26일
초판 4쇄 발행 2024년 11월 22일

글 옥효진 **그림** 나인완 **기획** 북케어
펴낸이 김선식

부사장 김은영
어린이사업부총괄이사 이유남
책임편집 최유진 **디자인** 양X호랭 DESIGN **책임마케터** 박상준 **교정교열** 이영미
어린이콘텐츠사업4팀장 강지하 **어린이콘텐츠사업4팀** 최방울 최유진 박슬기
마케팅본부장 권장규 **마케팅3팀** 최민용 안호성 박상준 김희연
미디어홍보본부장 정명찬 **제휴홍보팀** 류승은 문윤정 이예주
편집관리팀 조세현 김호주 백설희 **저작권팀** 성민경 이슬 윤제희
재무관리팀 하미선 김재경 임혜정 이슬기 김주영 오지수
인사총무팀 강미숙 이정환 김혜진 황종원
제작관리팀 이소현 김소영 김진경 최완규 이지우 박예찬
물류관리팀 김형기 김선민 주정훈 김선진 한유현 전태현 양문현 이민운

펴낸곳 다산북스
출판등록 2005년 12월 23일 제313-2005-00277호
주소 경기도 파주시 회동길 490 **전화** 02-704-1724 **팩스** 02-703-2219
다산어린이 공식 카페 cafe.naver.com/dasankids **다산어린이 공식 블로그** blog.naver.com/stdasan
종이 한솔PNS **인쇄 및 제본** 상지사 **코팅** 제이오엘앤피

ISBN 979-11-306-4765-4 73300
　　　979-11-306-5647-2 74300 (세트)

• 책값은 뒤표지에 있습니다.
• 파본은 본사와 구입하신 서점에서 교환해 드립니다.
• 이 책은 저작권법에 의하여 보호를 받는 저작물이므로 무단 전재와 복제를 금합니다.
• KC마크는 이 제품이 공통안전기준에 적합하였음을 의미합니다.